Wegen Eröffnung geschlossen
Stilblüten aus Inseraten
und Pressenotizen

Herausgegeben von Boris Wittich
Mit Zeichnungen von Jules Stauber

Deutscher
Taschenbuch
Verlag

dtv

Von Boris Wittich
sind im Deutschen Taschenbuch Verlag erschienen:
Zeugen liegen bei (1226)
Da trat der Staatsanwalt ins Protokoll (10239)

Weitere Stilblütenbände:
Es fängt damit an, daß am Ende der Punkt fehlt (962)
Sehr geehrter Herr Firma! (1160)
Die Schule wird von einem Reaktor geleitet (10441)
Ihr Computer hat mir ein Kind zugelegt (10596)
Die Benachteiligung erfolgt durch die Post (10911)
... und fordere mein Geld zurück (11123)
Globetrottel sucht Urlaubspartnerin (11171)
Der fliegende Kürbis (11508)

Originalausgabe
Januar 1987
4. Auflage Januar 1992

Umschlaggestaltung: Celestino Piatti unter Verwendung
einer Zeichnung von Jules Stauber
Gesamtherstellung: C. H. Beck'sche Buchdruckerei,
Nördlingen
Printed in Germany · ISBN 3-423-10695-6

Das Buch

Leicht haben es die Chefs der großen Konzerne und die Minister, wenn sie der Welt etwas mitteilen möchten! Sie beauftragen ihren Pressesprecher oder eine Werbeagentur, und die basteln ihnen dann prachtvolle Sprechblasen, biologisch, kernig und aerodynamisch. Wie anders doch der kleine Mann! Statt sich auf die kuschelweichen Formulierungen der professionellen Wirklichkeitsverbieger verlassen zu können, muß er selbst den Kampf mit der Sprache aufnehmen. So steht es dann auch in der Zeitung: krumm, verwackelt und meist viel zu deutlich. Es ist eben nicht jeder durch die hohe Schule der Sprachnebelwerfer gegangen. Der wachsende Zuspruch, dessen sich die Stilblütenlesen erfreuen, läßt allerdings hoffen. Es scheint offenbar eine ganze Menge Leute zu geben, die sich über die Sprachstolpereien der Kleininserate mehr freuen als über das scheinheilige Salbadern der Großkopferten.

Der Herausgeber

Boris Wittich, am 24. Oktober 1921 in Mährisch-Ostrau geboren, am 9. Dezember 1984 in Saarbrükken gestorben, absolvierte die Handelsakademie, war Journalist in Ostrau und Prag und lebte seit 1948 in Deutschland. Er war freier Mitarbeiter für die ›Europawelle Saar‹, für die ›Deutsche Welle‹ in Köln und für mehrere Zeitungen und Zeitschriften. Sein unstillbares Verlangen nach immer neuen kulinarischen Genüssen verführte ihn zudem zum Schreiben von mehreren Kochbüchern.

Weltmeister-Cuvée. Deutscher Schaumwein. Sonderfüllung zur Erinnerung an den Fußball-Weltmeister Deutschland 1982.

Das Hallen-Ozonbad mit Sauna und Massagen ist am 1. Oktober wegen Eröffnung geschlossen!

Notverkauf: BMW 735 i, Bj. 4/81, 16000, Hügelstraße 83 (Kochni., Bad, Balkon), Alu, VB 36500,–, Tel. 394076/733412

Scheinwerfer-Set, rund mit Gitter, als Nebel- oder Föhnscheinwerfer lieferbar.

... Gewächshaus zunutze! Das ist ganz einfach – säen Sie die zweijährigen Blumen in zwei Blumenschalen aus, die ihren Platz im Heckfenster Ihres Autos bekommen. Schon wenn die Sonne durch den wolkenverhangenen Himmel nur etwas »blinzelt«, wird in Ihrem Wagen ein ideales Treibhausklima herrschen. Übrigens sind ...

Auto-Telefon? Kein Problem mit Auto-Ausstattung Auto-Phonat ... und jeder meint, Sie gehören auch dazu! Unsere Auto-Telefon-Attrappe sieht genauso aus wie ein Auto-Telefon und wird an das 12-Volt-Bordnetz angeschlossen ... 2 Minuten nach dem (unauffälligen) Einschalten piepst Auto-Ausstattung Auto-Phonat wie ein richtiges Auto-Telefon.

Welch. Heimatvertr. Landwirt (ebenfalls Volksdeutscher) möchte wieder Land? Ich gebe pachtfrei aus Altersgründen Land ab (bis z.m. Tod), Auto und Sense erforderl. (Nähe Litzelstr.). Zuschriften KO 96517 Südkurier Konstanz.

Heimaterde zu verkaufen, garantiert ungedüngt. Z 2964591 Postf. 2740, 7000 Stgt. 1

Auf der Speisekarte eines Vegetarierrestaurants steht oben ein Hinweis: »Verehrte Gäste! Halten Sie sich nicht mit langen Reden auf, damit unser Essen nicht verwelkt!«

Anschlag in einem Vorlesungsraum einer Universität: »Am Dienstag, 10.30 Uhr, findet ein Probealarm statt. Sollte es um diese Zeit wirklich brennen, fällt der Probealarm aus.«

Schild am Tabakladen gegenüber einem Parkplatz: »Wir wechseln nicht nur Parkgroschen, wie verkaufen auch Tabakwaren.«

Werbeslogan eines Kosmetikinstitutes: »Flirten Sie nicht mit der reizenden Dame, die unser Haus verläßt – es könnte Ihre Schwiegermutter sein!«

Ein Brief meiner Schwester begann mit den Worten: »Bitte entschuldige mein langes Schreiben. Es hat sich nichts ereignet, worüber ich Dir hätte berichten müssen, nur lauter belanglose Kleinigkeiten, die einen nicht zum Schreiben kommen lassen.«

Wir suchen jungen Mann, der in unserer Frauen-WG in Altona 3 x wöchentlich saubermacht und ein leckeres Essen kocht. Nur keine Scheu!
Tel. 3903271

Erklärung! Unsere Werbeaussage »Wir halten, was wir versprechen« in der Anzeige vom 10. Oktober 1982 im ›Ludweiler Einkaufsbummel‹ ist möglicherweise falsch verstanden worden. Hiermit erklären wir, daß keine politische Partei angegriffen oder diffamiert werden sollte. HiFi-Video-Technik Gerd Armbruster GmbH.

Auf der Suche nach einem Arzt fiel der Blick des Schotten auf ein Schild, das verkündete: »Erste Sprechstunde acht Pfund, jede weitere fünf Pfund.« Als er ins Sprechzimmer trat, stöhnte er: »Hallo, Doktor, da bin ich wieder!«

Zettel im Zimmer eines Gasthofs: »Extradecken im obersten Schrankfach. Wenn Sie trotzdem noch frieren, rufen Sie Elfriede.«

Schild in einer Personalabteilung: »Machen Sie sich nicht unentbehrlich. Wer an seinem Arbeitsplatz unersetzlich ist, kann nie Karriere machen.«

Zeitungsnotiz: »Nach der Festnahme des Einbrechers stellte sich heraus, daß er mehrere Mercedes, eine Segeljacht und eine halbe Million Bargeld unter seiner Matratze versteckt hatte.«

Annonce einer Zoohandlung: Zehn weiße Mäuse billig abzugeben. Eine Woche später war die Anzeige durch eine andere ersetzt: 22 weiße Mäuse sehr billig abzugeben.

Notiz in einem Mitteilungsblatt: »Woche für Woche müssen wir Rückporto für Postsendungen zahlen, die sich als unzustellbar erweisen, weil die Adressaten verzogen sind, ihre Postfachnummer sich geändert hat oder verstorben sind, ohne uns davon zu benachrichtigen.«

Slogan eines Spezialinstitutes für die Erlernung des Schnellesens: »Zeit ist Geld. Lesen Sie jetzt, begreifen Sie später!«

Aus dem Spendenaufruf der Freiwilligen Feuerwehr: »Wir machen noch Hausbesuche!«

Der Hausmeister stellte eine ausgediente Tür neben die Mülltonne, schrieb darauf »Bitte mitnehmen« und klebte ein 50-Pfennig-Stück daneben. Tags darauf war das Geldstück verschwunden. Dafür stand jetzt an der Tür: »Vielen Dank!«

Eine Zeitung hatte einen Preis ausgesetzt für die beste Antwort auf die Frage: »Wenn im Louvre ein Brand ausbräche, und Sie nur ein Bild in Sicherheit bringen könnten, welches würden Sie nehmen?« Die preisgekrönte Antwort: »Das am Ausgang!«

Am Eingang zu einer Wetterstation in den Bergen, wo die Temperatur häufig unter den Nullpunkt fällt, erfreut ein Spruch alle Bibelkenner: »Denn viele sind erkältet, aber wenige sind erfroren.«

Suche für meinen Mann eine ausgezeichnete Köchin, Alter 20–30 J.

Wenn der Schauspieler Jules B. von seinen Gläubigern Mahnbriefe bekam, schrieb er zurück: »Sehr geehrter Herr, ich stecke an jedem Ersten alle unbezahlten Rechnungen in einen Hut und begleiche dann jeweils die, die ich als erste herausziehe. Nehmen Sie bitte zur Kenntnis, daß ich Sie, wenn Sie mich weiterhin bedrängen, von der Teilnahme an der nächsten Ziehung ausschließen werde.«

Achtung! Wer kann einen Hinweis geben, wo sich der weiße BMW mit der Kenn-Nr. SB – A 7696 in Saarbrücken oder Umgebung befindet. Nur an Gaststätten oder Hotels zu finden. Vertraulich.

Schild in einem Bürohaus: »In Anbetracht der gegenwärtigen drastischen Rocklängenbeschränkungen bitten wir die weiblichen Betriebsangehörigen, alles zu unterlassen, was geeignet ist, die angespannte Lage noch zu verschärfen. Wenn Ihnen etwas zu Boden fällt, lassen Sie es bitte liegen!«

Leserzuschrift: »Eines verstehe ich nicht – Warum ist der Schweizer Käse voller Löcher, wo doch Gorgonzola und Roquefort weit mehr Ventilation nötig hätten?«

Mitteilung des Prüfers an einen Führerscheinanwärter: »Machen Sie sich nichts daraus; Sie haben zwar die Fahrprüfung nicht bestanden, dafür aber vermutlich Ihre Lebenserwartung beträchtlich erhöht.«

Schild am Hoftor eines Regierungsgebäudes: Höchstbreite 2,90 m. Für alle breiteren Fahrzeuge Durchfahrt verboten!

An einer Autobahnauffahrt stand ein netter, bärtiger, junger Mann mit einem Schild: »Kenne eine Menge guter Witze!«

Himmlische Ruhe zog bei uns ein, als unsere Nachbarn von nebenan, eine zehnköpfige Familie, in die Ferien fuhren. Nach einigen Tagen kam eine Karte: »Wie bekommt Ihnen unser Urlaub?«

Die Hausfrau zögerte des Preises wegen noch, das Steak zu kaufen, da fiel ihr Blick auf eine Tafel über dem Fleischstand: »Wissen Sie, daß Ihre Zigaretten DM 45,– das Pfund kosten?«

Schild in einem Zoo: »Kinder, die ihre Eltern verloren haben, bitte im Kleinsäugerhaus abgeben.«

Ein attraktives Mädchen aus Düsseldorf sucht 4 Jungs aus dem Ruhrgebiet. Werden sie sich bei mir melden? Urlaub im Bayerischen Wald.

»Roman« im Inseratenteil

Mai: Vollschlanke, attraktive Blondine, led., möchte gerne einen sympathischen jungen Mann bis 30 J. kennenlernen. PKW willkommen, Wohnung vorhanden. Unter Zch. Frühling-A.B.
September: Kaufe Hochzeitskleid für vollschlanke Figur. Unter Zch. Hoffnung
Oktober: Tausche eine 1-Zimmer-Wohnung und Garsoniere in der Goethestr. und Dresdener Str. gegen eine 3-Zimmer-Wohnung, am liebsten in der Stadtmitte. Unter Zch. Familie A.B.+CD

Dezember: Kaufe hochrädrigen Kinderwagen und Fußsack. Unter Zch. Sofort
Januar: Verkaufe einmal benutztes Hochzeitskleid für vollschlanke Figur. Unter Zch. AD
Februar: Stelle eine ältere Frau als Kindermädchen in der Nähe der Stadtmitte ein. Unter Zch. Sobald wie möglich
März: Verkaufe hochrädrigen Kinderwagen und goldenen Verlobungsring. Unter Zch. Gegen bar
April: Tausche 3-Zimmer-Wohnung in der Stadtmitte gegen 1-Zimmer-Wohnung und Garsoniere. Unter Zch. Sofort
Mai: Vollschlanke, attraktive Blondine, gesch., möchte gerne einen sympathischen jungen Mann bis 31 J. kennenlernen. PKW willkommen, Wohnung vorhanden. Unter Zch. AD

Zeitungsnotiz: »Ein Atomwissenschaftler wird heute in einer Quizsendung teilnehmen. Die Sendung ist für wissenschaftlich interessierte Kinder bestimmt, wird aber auch gebildeten Erwachsenen keine übermäßigen Schwierigkeiten bereiten.«

Ford Granada, 2,0 l, Bj. 78, TÜV 9/83, bei Kauf 1/2 Schwein gratis, Preis: 4800,– DM, Tel. (06238) ...

Gründe Pfarrgemeinschaft. Mönchengladbach/ Düsseldorf Flughafen, Tel. ...

35jähr. Dame su. Mitsegelgelegenheit geg. Benzinbeteil.

Tausche VW 1200 gegen neue Schuhe, TÜV 1 Monat, 34 PS, evtl. fahrber. Tel. ...

Suche Reitstiefel (41/42) und Reitkappe (55/56) und altes Schaukelpferd.

Naturbelassene Vollmilch, auch Rohmilch genannt, gibt es nur noch direkt beim Milchbauern oder in Reformhäusern als Vorzugsmilch. Sie wird unter strengster medizinischer Überwachung von Personal und Milchtieren gewonnen und keimfrei verpackt.

Suche gebrauchten Flugzeugträger.

Einsamer (29/175), sucht Einsame zum Einsamen.

Anzeige: »Schlafsäcke für Ohrwürmer – Die Alternative zur Schädlingsbekämpfung in Ihrem Garten. Statt chemischer Gifte fressen jetzt nachts Ohrwürmer die Blattläuse. Tagsüber schlafen die Räuber im Ohrwürmer-Schlafsack: in Bäumen, Büschen und Gemüsekulturen. In der Schweiz entwickelt und bewährt (Recycling-Produkt). Jetzt sind lausige Zeiten – bestellen Sie noch heute. Sofort-Versand per Nachnahme in 5er Gebinden ...«

Der Fachbereich Zahnmedizin bietet an: Chopper-Seminar (für Zahnmediziner, Studenten u. Hilfsberufe). Voraussetzung für lukrativen Praxisbetrieb. Die Teilnehmerzahl ist begrenzt. Interessierte tragen sich bitte bis zum 16. 04. in die Liste am schwarzen Brett im Foyer der Zahnklinik Ortenberg ein (oder schriftlich an den Fachbereich unter dem Kennwort »Chopper«).
Weitere Einzelheiten am 1. Kurstag, 3. 5.82, 19 Uhr, im Hörsaal 5, Hörsaalgebäude.

Anzeige: »Nur an meine Patienten: Betr. Uhrzeit. Achtung: In meiner Praxis gilt nach wie vor die deutsche Normalzeit (= MEZ). Wenn Sie sich aber der unbiol. staatl. Anordnung gebeugt und damit der kommunist. Ostblockzeit (= OEZ = MEZ) angepaßt haben, rechnen Sie dem mit mir vereinbarten Behandlungstermin bitte 1 Stunde hinzu, damit Sie durch den Fortschritt nicht zu früh kommen. 15.00–17.00 (MEZ) = 16.00–18.00 (OEZ)! Ihr Zahnarzt«

Fachblatt ›Das Haus‹ anläßlich des 150. Todestages Johann Wolfgang von Goethes: » . . . Trost und Anregung bei Goethe sind daher wichtiger denn je, selbst wenn es dabei um so praktische Dinge wie Hausbau, Mietermodernisierung und Abschluß eines neuen Bausparvertrages geht. Und wer damit noch zögern sollte, kann sich Anregung dafür noch bei Goethe holen und sich im Faust II sagen lassen: ›Säume nicht, dich zu erdreisten, wenn die Menge zaudernd schweift; alles kann der Edle leisten, der versteht und rasch ergreift.‹«

Im Büro einer Arbeitsgemeinschaft für Verkehrssicherheit hängt dieser pessimistische Wandspruch: »Selbst wenn alle Autos der Welt Stoßstange an Stoßstange hintereinander aufgereiht wären, würde todsicher irgendein Idiot zum Überholen ausscheren.« Darunter liest man den handgeschriebenen Zusatz: »Warum nicht – es kann ja keiner entgegenkommen.«

In der Volksschule ließ der Lehrer einen Aufsatz schreiben über das Thema: »Was bedeutet Ostern für mich? – Einer der Schüler schrieb: »Vierzehn Tage Butterbrot mit hartem Ei.«

Eine Studentin hatte ihren Wagen auf dem Parkplatz der Universität abgestellt. Bei ihrer Rückkehr fand sie unter dem Scheibenwischer folgenden Zettel von der Hand ihres Professors vor: »Dies ist mein angestammter Parkplatz. Bitte stellen Sie Ihren Wagen künftig woanders ab.«
Am nächsten Tage hing unter dem Scheibenwischer des Professors ein Zettel mit der Antwort: »Lieber Professor, wie Sie sehen, habe ich Ihrem Wunsch entsprochen. Seien Sie herzlich bedankt für den Zettel; es war die erste schriftliche Äußerung von Ihnen, die ich ganz kapiert habe!«

Stört Sie der nackte Hintern Ihrer Hühner, Puten, Fasanen oder Pfauen (Mauser)? Ich fertige maßgeschneiderte Beinkleider für Geflügel aller Art. Weiter garantiere ich, bedingt durch den dadurch erzielten Wärmeeffekt, hohe Legefreudigkeit auch in der kalten Jahreszeit. Komme zum Maßnehmen gerne auch in Ihren Hühnerstall. Brunhilde Feistle.

Wir suchen zum 1. August oder früher eine SCHREIKRAFT zum Schreiben von Prüfungsberichten und Gutachten nach Vorlage sowie für Korrespondenz. Perfekte Kenntnisse im Maschineschreiben und Phono setzen wir voraus. Kenntnisse in der Textverarbeitung (Bildschirm) wären von Vorteil, Einarbeitung möglich.
Wir gewähren leistungsgerechte Bezahlung.

Welches große Mädchen unter 30 möchte mit außergewöhnlichem Mann (45, kinderl., verwitwet) Mutter werden und stolz ergebene Gattin immer sein. 1991 H.

Dt. HUMBOLDT-STIPENDIAT mit USA-Tätigkeit, Prom. Biologe, 31 J., 5 J. Berufserfahrung Zellbiologie (Exp. Hämatologie) in Großforschung/Univ.; bes. Kenntn.: Tierversuch, Zellkultur (Hefe, Blutstammzellen), Isotopen, Ionis. Strahlung, Arzneistoffe, Mikroskopie; Publikationen/Vorträge; suche Stelle – biete Ideen und Leistung. Geheimdienste zwecklos.

Aufruf im ›Pudel-Spiegel‹: »Pudel in Polen haben Hunger! Bedingt durch die schlechte Versorgungslage in Polen suchen wir Mitglieder, die die Patenschaft für einen Pudel übernehmen. Interessenten wenden sich bitte an die Hauptgeschäftsstelle in Wohltorf.«

Wandkritzelei in der Hamburger S-Bahn: »Lieber arm dran als Bein ab.«

»Nach Geschlecht aufgegliedert liegen die weiblichen Personen mit fast 43 Prozent vorne.«

Im April und im Mai ist Vollmond jeweils am 6. Juni und 6. Juli.

Gesucht wird Herrenlodenmantel Gr. 54. Der Mantel wurde wahrscheinlich vom Besitzer bei überstürzter Flucht vor eifersüchtigem Ehemann zurückgelassen (hohe Belohnung).

Ein sehr bekannter Werbegraphiker bekam von einer angesehenen Cognacfabrik den folgenden Brief: »Wir veranstalten einen Wettbewerb, um das beste Plakat für unsere Erzeugnisse zu ermitteln, und würden uns freuen, wenn Sie sich mit einigen Entwürfen beteiligen. Für das beste Plakat sind 20000,– DM ausgesetzt. Die Einsendungen können zu unserem Bedauern in keinem Fall zurückgesandt werden.«
Der Werbegraphiker antwortete postwendend:
»Ich veranstalte einen Wettbewerb, um den besten Cognac zu ermitteln, und würde mich freuen, wenn Sie sich mit einigen Flaschen Ihrer Firma beteiligen würden. Die Einsendungen können zu meinem Bedauern in keinem Fall zurückgesandt werden.«

Möchte das Simmel-Buch ›Ich gestehe alles‹ an Herrmann zurückgeben.

Junger, temperamentvoller Verlagskaufmann sucht gut möbliertes Zimmer bei einer attraktiven, jungen, ruhelosen Vermieterin, welche er mit Sicherheit zu beruhigen versuchen wird.

Gelegenheit: W. Gew.-Abn. zeitl. Lammvelours-Da.-Wi.-Ma., h'braun, Gr. 42–44, ab 175 cm, für 150,– DM zu verkaufen.

Zettel am Schwarzen Brett einer Münzwäscherei: »Übernehme jede Hausarbeit – pro Tag 50,– DM.« Darunter hat jemand gekritzelt: »Ich mach's umsonst, bin aber nicht mehr frei.«

Kritischer Wissenschaftler gesucht! Wenn Sie ein »kritischer Wissenschaftler« sind, haben Sie die Aussicht, schnellstens zu größeren Bundesaufträgen zu kommen ... Es stehen jährlich rund 3 Mio. DM zur Verfügung. Wenn Sie daran partizipieren wollen, schreiben Sie uns. Wir finden bestimmt ein kritisches Thema und werden sicher zusammen mit Ihnen aus diesem Topf Beschäftigung finden.

Verlassen Sie Deutschland noch in diesem Jahr! Falls unmöglich, genießen Sie Ihre letzten Tage in Ruhe. Am besten mit einem Besuch des schönsten Platzes weit und breit: Schloß Berlepsch, Café & Restaurant im Werratal.

Mäzene von deutscher Hochschule gesucht; steuerlich absetzbar, akademischer Titel, geschäftliche Möglichkeiten, Diskretion ...

24jähriger Student, 193/86, dunkelblond, sportlich, leider etwas schüchtern und zurückhaltend, aber sehr liebevoll, sucht auf diesem Wege alleinstehende, kränkliche Sie, nicht unter 50 Jahren, kennenzulernen. Aussehen und Charakter egal, ansehnliches Vermögen jedoch Bedingung. Ohne Anhang bevorzugt.

Intellektuelle 40erin, erfolgreich im Beruf, sucht potenten Hausmann, der alle anfallenden Haushaltsprobleme zu bewältigen weiß und trotzdem eine gute Figur macht. Im Abendanzug oder Schürze – immer gentlemanlike. Akademiker mit literarischen Interessen bevorzugt.

Im Rahmen des Umweltschutzes führen wir eine Altkleidersammlung durch ... Bedingt durch die angespannte Rohstofflage können wir dieses Mal keine Plastiktüten verteilen ... Noch tragbare Kleidung wird wiederverwendet. Die restlichen Rohstoffe, wie Lumpen, werden ungekürzt der deutschen Rohstoffindustrie zugeführt ...

500,– Belohnung für erfolgreiche Vermittlung von einem Lokal, das nicht geht.

Die Person, die mir meinen Spaten geklaut hat, soll ihn wiederbringen oder meinen Garten umgraben.

500 Flaschen und Fläschchen Champagner und Wein wurden aufgefahren, von denen viele bis zum frühen Morgen aushielten.

Verhaltensmaßregeln beim Umgang mit fremden Hunden: »Wird eine unbeteiligte Person von einem ihr fremden Hund bedroht, entgeht diese am ehesten einem Angriff, wenn sie ... etwas vorgebeugt die Demutsgeste andeutet, mit den Händen das Geschlechtsteil schützt ... Faßt der Hund in den Rükken oder in das Gesäß, ist es unter Umständen am zweckmäßigsten, bewegungslos zu verharren, bis sich der Hund mangels Gegenwehr von selbst beruhigt und vom Angriff abläßt.«

Welcher Vater sucht für seine Tochter oder seinen Sohn noch eine Lehrstelle als Fotograf oder Fotolaborant im Meisterbetrieb, gegen finanzielle Unterstützung ab DM 20000,– für unsere Firma.

Chirurg – 10 Jahre Weiterbildung (u. a. Universität Düsseldorf), erfahren im Tupfen und Hakenhalten (Deutscher), sucht adäquate OA-Stelle in NRW. 6275 A.

In einem Prospekt für eine »Medizinische Fachbuchreihe« wird aus einer Rezension zitiert: »Das vorliegende Buch ... wurde so abgefaßt, daß nicht nur das ärztliche Hilfspersonal, sondern auch jeder praktizierende Arzt den Stoff leicht bewältigt ...

Gelegenheit: Tonfilmkamera (5fach bereift), XL + Makro, alle Raffinessen ...

Tennisschläger Slazenger mit echt. Darmsaite u. Zusatzbremsleuchten v. Hella.

Rehpinscher-Welpe, schw.-braun, m. Stammb., gibt ab Kleinkraftrad Honda Mokick CB 50 J., 1600 km gelaufen, auch Tausch in Roller.

Der Film ›Schneewittchen und die 7 Zwerge‹ schildert den Emanzipationsprozeß einer jungen Frau, die den Zwängen einer traumatischen Mutter-Tochter-Beziehung zu entfliehen sucht, zwischenzeitlich in einer Bergarbeiter-Kommune Unterschlupf findet, am Ende aber doch ihren Prinzen bekommt.

Nie mehr arbeiten. Verschiedene Möglichkeiten, legal ohne Arbeit zu leben. Mit vielen Beispielen! (70 Seiten) ...

Sonderreise nach Mexiko zum Internationalen Fachkongreß für Schweine.

Ich möchte zum Herrn ziehen und ihm den Himmel auf Erden geben!

Schild am Ausflugsziel Wipperkotten in Solingen: »Hunde und Kinder an der Leine führen – Rattengift!«

Mitten aus dem Sonntagsbraten gerissen wurden kurz vor 13.56 Uhr Wehrmänner der Löschzüge Lage und Hörste.

Die Republik Irland hat 1980 einen Babyboom erlebt, für den der Papst verantwortlich sein soll.

Bericht über die Falkland-Inseln: »Es gibt wenig Abwechslungen im Leben der Inselbewohner. In den vergangenen 25 Jahren hat es nur einen Mörder gegeben, und das war ein betrunkener Seemann.«

Welche tierliebe Frau betreut tägl. stundenweise ält. Dame?

Wer, intelligent, unterhält mich, 40/172 cm (Tanzen etc.), während mein Mann Fußball-WM glotzt? Angebote mit Telephonangabe unter ...

Wer läßt mich ungestört Fußball fernsehen? Biete Gefälligkeiten ...

Achtung Studenten! Biete Doktorarbeit. Sie brauchen keine Kenntn. in Mikrochirurgie, Histologie u. Sektionstechnik. Sie sollten sie nur schreiben. So erhalten Sie eine der besten Dr.-Arbeiten, die in Deutschland seit letztem Jahr gemacht wurden. Geeignet für Medizin, Zahnmedizin, Naturwiss. Psychologie. Tel 0761/49 1478

Die Dame, die in unserem Laden den Baltrik-Nicky entwendet hat, wurde beobachtet. Sie sollte auch so mutig sein, die dazugehörige Hose abzuholen. Diesmal aber gegen Bezahlung. Fa. Kosa.

Schild an einem Privathaus: »Achtung! Abstellen von Fahrrädern und sonstigen Gegenständen sowie WC-Benutzung an meiner Mauer verboten.«

Wir üben unsere Tätigkeit als Rechtsanwälte gemeinsam aus.
Dr. jur. Josef Kronen Helmut Wicke

Fürstin, Erster Deutscher Hochadel stellt Name für Firmengründungen, Aufsichtsrat u. ä. zur Verfügung. Kontaktaufnahme über ...

Der erste Samstag im Mai fällt 1982 auf einen Samstag.

Achtung, Mofafahrer! Ich bin aus dem Urlaub zurück.
Euer Polizist Hartmut

Der Bundespräsident wandert durch das Saarland. Als er sich dem Hochwald näherte, wurde er von schneebedeckten Tanten begrüßt.

Beim Mittelmeer-Laubfrosch gelang in jüngster Zeit der Nachweis, daß die Paarungsrufe der Männchen der Anlockung der Weibchen dienen.

Zu vermieten 3-Zimmer-Wohnung im Breitenrain. Miete Fr. 660,– inkl., ab 1. Aug. oder n. Vereinbarung. Aber: Farbig gestrichen, schwierige Hausmitbewohnerin.

Welcher Gastronomie- oder Feinkostbetrieb sucht Forellenlieferant, geschlachtet oder lebend?

Sozialisten werden in Spanien Eigentümer zur Kasse bitten! Überschwemmungen an der Costa Brava! Wer will deshalb Haus oder Wohnung ab 120 Quadratmeter, bester Standort, im Raum Alicante verkaufen? Muß aus gesundheitlichen Gründen dort leben. Barzahler. Angebote unter ...

Mann mit Niveau u. 40, jüng. wirkend, tolerant, aufgeschl., sorglich, su. Paar, Freundinnen od. Greis ohne finanz. Interessen, Bildzuschrift.

WC, in gutem Hause an ruhige Mieter/in zum 01.04.81 für 390,– DM zu vermieten.

Familie aus Raum Bad Ems nimmt 1 Rentner für 800,– DM auf.

Höhepunkt der Dreitagewanderung war die Beseitigung des »Hohen Dachsteins« (3004 Meter).

Toiletten in Borken/Hessen mit den dazugehörenden Räumen, geeignet als Büro oder Praxis, ab 100 bis 182 Quadratmetern, 3 Etagen, evtl. auch mit Wohnung und zusätzlichem Lagerraum geschlossen oder einzeln zu vermieten.

Für Sparmaßnahmen im Bundeshaushalt gibt es nach den Worten des CDU-Politikers »überhaupt keine heiligen Kühe und keine Tabus«.

Schlagzeile in ›Les Echos‹: »Schmidt raucht wieder: Deutschland hustet.«

Die Bad Wildunger Wandelhalle war nicht voll – und Harald Juhnke auch nicht!

Von den ca. 400 000 Schiedsrichtern, die es auf der ganzen Welt gibt, werden 41 aus 50 Ländern die 52 WM-Spiele leiten.

Die Kriminalpolizei rät: »Informieren Sie sich über Rauschgift, sprechen Sie mit Ihrem Kind.«

Anzeige einer Weinfirma: »Versenke Argentinien – trinke es trocken! Wir haben diese (argentinischen) Weine vor Beginn des ganzen Ärgers gekauft und britischen Zoll bezahlt ... Nun verschleudern wir sie unter Selbstkostenpreis! ...«

Nach Mitteilung der Landwirtschaftskammer Westfalen-Lippe in Münster wirft eine Kuh pro Tag bis zu 12 Kotfladen. Eine 20köpfige Milchkuhherde bringt es während der Weidezeit von Ende April bis Oktober auf knapp 40 000 Kotfladen. Aus diesem Ergebnis lassen sich wichtige Schlüsse für die Praxis und Theorie in vieler Hinsicht ziehen.

»Wende« ist in. Nicht nur in der Politik. Auch in der Mode. Unsere chicen Wendemäntel werden Sie davon überzeugen ... Laimböck, Damen- und Herrenmoden.

Die Soldaten leisten mit ihrem täglichen Weg zur Kaserne einen Friedensmarsch.

Die Verseuchung der Muttermilch mit Schadstoffen hat in den letzten Jahren nicht mehr zugenommen. In einzelnen Betrieben ist sie sogar zurückgegangen.

Durch Unfall, Krankheiten und aufopfernde Pflege der Schwiegermutter waren beide zu Frührentnern geworden.

Ich weiß, daß es Dich gibt! – Du bist ungefähr 50 J., hast einen Sohn, bist verwitwet(?), leitest eine Bezirksförsterei, hast einen klaren, festen Blick und eine ruhige Stimme. Du hat einen Deutsch-Drahthaar, einen Rauhhaarteckel, haßt Verwaltungsarbeit und liebst ein gutes Glas Wein. Laß mich mit das Holz berechnen, Deinem Hund die Zecken ablösen, den starken Bock bestätigen, Dir frisch gebratene Rehleber reichen. Ich suche den Duft frischen Harzes, den Schrei des Hähers – ich suche Dich! (Weibl., dunkel, schlank, 34 J., allein).

Artikel zum Thema ›Kommunale Öffentlichkeitsarbeit‹: »Die kommunikative Kompetenz des Lesers kann durch die Vermeidung von Passiv-, Konjunktiv- und Präpositionalkonstruktionen ebenso wie durch die Verwendung kurzer Sätze, klaren Satzbaus, einfacher Wörter und nichtmehrdeutiger Begriffe beachtet werden. Da bei presseamtlicher Öffentlichkeitsarbeit keine direkte Rückkopplung möglich ist, sollte sich die Sprache an den Rezipienten orientieren. Verstöße gegen dieses Prinzip beeinträchtigen die Kommunikation, weil der Leser nicht sicher sein kann, das Gelesene verstanden zu haben.«

Bemerkung im Vorlesungskommentar zu einem Französischseminar der Universität Göttingen: »Die Veranstaltung ist nicht geeignet für Strickerinnen, starke Raucher und Studierende in Begleitung von Hunden und anderen Haustieren.«

Seigneurs Mutter Stoa steht in einem Reitstall im Baden-Badener Vorort Haueneberstein. In letzter Zeit scheiterten zwei Versuche, sie tragend zu bekommen. Doch jetzt, nach Seigneurs großen Siegen, will es ihr Besitzer, der Baden-Badener Journalist Gerhard Sch., mit der 14jährigen Stute noch einmal versuchen.

Tag X – Gesucht wird für eine exklusive Motorjacht, 40 m, überkompl. ausgerüstet, unter neutraler Flagge, eine Eignergemeinschaft für maximal 7 Anteile je 100000 DM.
Zuschriften unter U 8931

Im August letzten Jahres wurde innerhalb der Mauern des Buckingham-Palastes ein Mann gefaßt, der angab, in Prinzessin Anne verliebt zu sein. Er wurde für geistesgestört gehalten und nicht bestraft.

Noch OB-Kandidaten gesucht von renommierter Partei, politische Einstellung zweitrangig, Frauen bevorzugt.

Die wichtigste Selbsthilfe gegen Schlangenbisse ist deren Vermeidung.

Modelliere abgekaute Fingernägel, bekannt durchs Fernsehen.

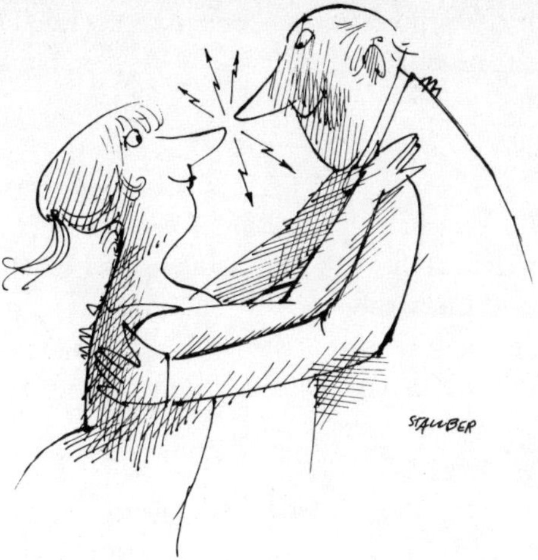

Titel einer veröffentlichten Doktorarbeit: ›Physiologische, psychologische, künstlerische, epidemologische und prophylaktische Aspekte des Kusses.‹

Bügelbrett aus Stahlblech, mit Thermoschutz 52,00

Arbeitslose Lehrerin zur liebevollen Betreuung unserer drei Kinder (1–12 J.) und zur Versorgung unseres Haushaltes gesucht. Putzhilfe vorhanden. Auf Wunsch kann Unterbringung im Haus erfolgen. Zuschriften unter 2 – 5396 HSt

Nehme während der Urlaubszeit alte Menschen in Pflege.

Klassenlehrer günstig abzugeben, Kl. 10.2. Der Klassensprecher Klaus Sandschulte, Beckstraße 2, OHZ

Aus dem Wochenblatt: »Leicht zerstreute Wohngemeinschaft sucht Frau bis 35 Jahre als Haushälterin. Sie sollte Führerschein Kl. 3 haben und nicht ortsgebunden sein. Zimmer sowie Wohngemeinschaftsanschluß erwünscht. Bild u. Telefon angenehm.«

Herren – Freizeit – Damen, verschiedene Formen mit Reißverschluß, pflegeleicht, beige ... jetzt DM 159,00.

Sportlicher Walzenfahrer per sofort gesucht. August Reiners, Bauunternehmung GmbH.

Der Bundesfinanzhof hat in letzter Instanz entschieden, daß die Tätigkeit eines Trauerredners dann »nicht freiberuflich (künstlerisch), sondern gewerblich« (und damit gewerbesteuerpflichtig) sei, wenn der Redner »in der Masse der Fälle nach Redeschablonen verfährt«. Immerhin: »Künstlereigenschaft« werde bei einem Trauerredner durch Beschränkung der Motivwahl keineswegs ausgeschlossen, doch fehle es an »eigenschöpferischer Tätigkeit«, wenn der Redner »mit wenigen Grundschablonen auskommt und nur ausnahmsweise einen individuellen Redetext entwirft«.

Die stattliche Zahl von 300000 Forelleneiern sind jetzt von ihm gebrütet, abgestreift und befruchtet worden.

Eine Straßenbahn verging sich gestern auf der Kennedybrücke mit dem Stromabnehmer in der Oberleitung.

Haben auch Sie Vertrauen zur neuen Regierung! Damit Bewegung in die Wirtschaft kommt, gebe ich aus meinem Besitz in Lennestadt-Lohmke 2 weitere Baugrundstücke ab ...

Die Landtagswahl ist geheim, darum wählen Sie getrost F.D.P.

Bericht über den Mord an einer Frau: »Im Holiday Inn, wo sie vermutlich gegen 19 Uhr eintraf, ging sie wahrscheinlich sofort auf ihr unter falschem Namen bestelltes Zimmer zu. Im Hotelrestaurant, wo in der Wild-Woche bei leichter Tafelmusik Rehnüßchen mit glacierten Maronen und gebutterten Broccoli oder Frischlingsbraten ›Diana‹ mit Rosenkohl gereicht wird, ist sie jedenfalls nicht gesehen worden.«

Vortragsankündigung der »Physikalischen Gesellschaft zu Berlin e. V.«: »Prof. Dr. I. Appenzeller (Heidelberg): ›Intergalaktischer Kannibalismus und seine Folgen‹.«

Ein Marktschreier auf dem Rathausplatz: »Dieser Beutel mit Reinigungspulver kostet nicht, wie es im Inserat heißt, 92 Pfennig, sondern 99, weil er noch ein kostenloses Geschenk enthält.«

Das Personal des Diamantencenters gratuliert seiner Kollegin Irmgard Schulte zur Geburt ihres ersten Kindes, eines Knaben von 18 176 Karat Gewicht.

Schild an der Tür zur Dunkelkammer eines Fotoateliers: »Bitte Tür schließen! Dunkelheit läuft sonst aus.«

Titel eines Kulturfilms: ›Die unteilbare Nation – Erster und Zweiter Teil.‹

Zu verkaufen: Grüner sprechender Papagei. Besitzer teilt die politischen Ansichten des Vogels nicht mehr.

Urlaubsgruß an einen Nervenarzt: »Es gefällt mir großartig hier. Wenn ich nur wüßte, wieso.«

Bekanntmachung in einem Hafen: »Der Dampfer verläßt den Hafen am Montag, Mittwoch und Freitag, falls es das Wetter erlaubt und Gott es will, und am Dienstag und Donnerstag auf jeden Fall.«

Möchte gerne Teilhaber einer Flaschenfabrik werden. Biete: Eine Gruppe guter Flaschen!

Suche: Schießende Köche zwecks Bildung eines Cowboy-Clubs. Gleichgesinnte schreiben an Trutzje, Uffz.

Wo ist der Verein der Preußenhasser? Würde mich gerne anschließen um mitzuwettern.

4 junge starke Männer zum Schutz eines kleinen Gefreiten gesucht. Für beste Bezahlung und Unterkunft ist gesorgt.

Welche hübsche Mexikanerin ist bereit, einsamen, jungen, schüchternen Mann von Hemmungen zu befreien?

Wer verkauft ca. 100 ha großes Waldstück zur Übung meiner schwachen Stimme? Wenn möglich, eingebaute Echoanlage zur Kontrolle.

Wer will Erlebnisse aus Da Nang mit mir tauschen? Unterhaltungsraum ist vorhanden. Fotos erwünscht.

Suche preisgünstige Versicherung gegen Nepp. Bin auf die verschämteste Weise in den Wirtschaften ausgenommen worden.

Suche wirksames Hautstraffungsmittel gegen mein ewiges Lächeln. Zahle jeden Preis.

Biete eine ganze Gruppe junger Atome. Mit der Pinzette gefangen. Neutronen werden verbilligt dazu abgegeben.

Suche mehrere gut gebaute Endvierzigerinnen zwecks besserer Gestaltung des Unterrichts beim UAL 3/65. Spätere Heirat nicht ausgeschlossen. Bei Eignung als Anschauungsmaterial, Übernahme ins Dienstverhältnis. Reger Gebrauch wird garantiert.

Suche Frau mit Glotzofon, um Blickfeld zu erweitern. Blickfeld vorhanden.

Jetzt die blühende Container-Rosenpflanze WIMI pflanzen, damit Sie den Volksschauspieler Willi Millowitsch nicht nur sehen und hören, sondern auch riechen können.

Die Rastatter Feuerwehr löschte den Brand. Deshalb dürfte der Schaden sehr groß sein.

Anzeige: »Dauerwurst – von unseren eigenen Schweinen selbst hergestellt.«

Rätselfrage: »Wie oft lacht der Aal in seinem Leben? a) nur einmal b) jedes Jahr c) nur dreimal?«

Lehrstelle als Millionär gesucht. Sofort oder später.

Marlboro, aus gesundheitl. Gründen zum alten Preis abzugeben.

Wandspruch im Herrenklo eines Münchner Cafés: »Wer früher stirbt, ist länger tot.«

Die in der Altstadt St. Gallen Wohnenden sind innerhalb eines guten Jahrzehnts um rund 40 Prozent geschrumpft.

Zum 1. August 2000 suchen wir für unseren Sohn EBBE eine Leerstelle. Die glücklichen Eltern Renate und Holger Volquardsen.

Der Landwirtschaftsminister ließ die Bauern zusammenkommen, denn die Schweine fraßen zuviel.

Auch magere Bäuche wechselten ihre Besitzer nicht mehr so zügig wie zuvor.

Welch. weibl. Wesen will sich mit mir, m. 20, durch die Speisek. e. Nobelrestaur. schlemmen u. dann i. gekonnt. Manier die Zeche prellen?

›Wege zur Ökologie im Alltag‹: »Geschirrspülen: Braucht man dazu eine Maschine? ... Wenn wir die ganze Familie dazu erziehen, Teller und Platten mit einem Stück Brot auszuputzen, so brauchen wir nicht mehrere Teller für eine Mahlzeit, und das Abwaschen wird leichtgemacht. Der bekannte Reformer Prof. Dr. W. Zimmermann empfiehlt anläßlich seiner Vorträge, die Teller mit der Zunge abzulekken.«

Erklärung im ›Kindergeld-Merkblatt‹ der Bundesanstalt für Arbeit: »Welches Kind erstes, zweites, drittes Kind usw. ist, richtet sich nach dem Alter der Kinder, das älteste Kind ist also das erste Kind, das zweitälteste das zweite Kind.«

Sind Sie finanziell, beruflich in Schwierigkeiten? Viele Unternehmerinnen suchen Liebe und Zärtlichkeit. Diskretion ist selbstverständlich ...

Männliches Fahrzeug 25/187, TÜV geprüft, nach Unfall zum Reparieren an nette Bastlerin abzugeben. Bildzuschriften unter ...

Sehr attraktive junge Dame sucht einen älteren, gut situierten Herrn zwecks Gedankenaustausch.

Anzeige einer pyrotechnischen Fabrik: »Mit jedem China-Böller, den Sie kaufen, helfen Sie chinesischen Arbeitern und ihren Familien. Sie spenden damit direkt Brot der Dritten Welt! Mit jedem deutschen Böller und anderen deutschen Feuerwerksartikeln, die Sie kaufen, geben Sie deutschen Arbeitern der Pyrotechnik Brot und Arbeit. Ihr Spaß und Ihre Freude ... ist Hilfe für andere.«

Welcher Automechaniker od. Bastler sucht eine liebe kleine Freundin (20/160), die z.Zt. solo ist und ein kaputtes Auto hat?

Suche für meinen 18-jährigen Sohn, Abiturient, für 1987 Ausbildungsstelle als Bank- oder Versicherungskaufmann. Biete Jagdgelegenheit im Westmünsterland und im Raum Holzminden ...

Junge Dame mit einer hinreißenden Figur sucht einen älteren, vermögenden Herrn (Witwer angenehm), dem sie einen seelischen Trost mit physischen Effekten spenden kann.

Millionen Hähnchen halten den Atem an: Ist der »Wienerwald« endgültig am Ende?

Der Senator für Wirtschaft und Verkehr Berlin, Abteilung VII – Bevorratung – beabsichtigt, folgende Artikel einzulagern: Nachttöpfe für Kleinkinder aus Kunststoff, neutral.

Bei einer Besprechung der Anlieger der Birkenstraße in Arget am 17. 12.81 im Gasthof Schmuck gebrauchte ich, Klaus Altrogge, Arget, Birkenstraße 5a, 8029 Sauerlach, gegen Herrn Max Schneiderbauer, Arget, Birkenstraße 1, 8029 Sauerlach, die Formulierung: »Du kannst mich hiermit offiziell am Arsch lecken.«
Diese Formulierung nehme ich hiermit öffentlich zurück und entschuldige mich dafür.

Verschiedenes: 400 kg mit Deckel. Tel. 07031 – 33473

Suche Arbeit bei der Bundeswehr: Habe Abitur, 34 Jahre, stamme aus guter Familie (Hauptmann Riedmiller, Feldherr, Besieger Napoleons III., Denkmal in Bludenz, Vorarlberg, Österreich). Tel. HD Christiane Riedmiller.

Dieter B. nannte seinen treuen Mitarbeiter einen versierten Experten, dem der Versicherungsbetrug ans Herz gewachsen ist.

Ein Erdferkel wiegt etwa 60 kg, soviel wie eine kleine Menschenfrau.

Bei den Schwimmbadpreisen für diese Saison bleibt alles beim alten – lediglich die Tageseintrittskarte erhöht sich um 0,50 DM.

Anzeige: »Aus Pfandrecht versteigere ich im Auftrag eine notleidende Partie Orientteppiche.«

Anstatt den von den Partner schließlich auf zwei Milliarden DM aufgewichteten Spatz in der Hand zu akzeptieren, beharrte London unnachgiebig darauf, die Taube auf dem Dach in Form eines 3,2-Milliarden-Nachlasses in seinem Schlag einzubringen.

Wir suchen zwei junge Deutsch-Lehrer in die Zentrale unserer Telefon-Anzeigenannahme.

Als der Landpfarrer nach mehrmaligem Klopfen keinen Einlaß in das Haus fand, hinterließ er verärgert eine Visitenkarte mit dem folgenden Bibelzitat auf der Rückseite:
»Siehe, ich stehe vor der Tür und klopfe an. So jemand meine Stimme hören wird und die Tür auftut, zu dem werde ich eingehen ...« (Offenbarung des Johannes 3,20).
Am Sonntag darauf überreichte die Frau beim Verlassen der Kirche dem Pfarrer ihre Karte mit dem handgeschriebenen Hinweis: 1. Moses 3,10. Als der Geistliche die Stelle zu Hause nachschlug, las er:
»Ich hörte Dich im Garten und fürchtete mich; denn ich bin nackt, darum versteckte ich mich.«

In einer Universitätstoilette prangt am Gehäuse des Warmlufthändetrockners ein Schildchen mit der Aufschrift: Kurzvorlesung des Rektors. Bitte Knopf drücken.

Erklärung eines Autors im Fernsehen: »Eine Kurzgeschichte ist eine Geschichte, an der man sehr lange arbeiten muß, um sie so kurz wie möglich zu machen.«

Ankündigung in einem Theaterprogramm: »Zwischen dem zweiten und dem dritten Akt sind zwei Jahre Pause.«

Möchte im Juli oder August für zwei Wochen mit meinen Enkelkindern ans Meer fahren. Suche deshalb Sommerhäuschen für sechs bis acht Personen, nach Möglichkeit in einem Tag per Auto erreichbar. Guter Badestrand Bedingung. Bitte um rasche Antwort, bevor mich der Mut verläßt und ich mir die Sache anders überlege.

Hilfe für Jedermann: Alten-, Kranken-, Tierpflege ...

Traumschwiegersohn – cand. med. dent. Examen 87, 25, 186, sportlicher (Tennis, Ski, Golf), schlanker und repräsentativer Typ, sucht Zahnarzt mit attraktiver, schlanker Tochter, der sein Lebenswerk in zielstrebige und zuverlässige Hände übergeben will. ZM 18493

'68er Lehrer! Bei mir ist der lange Marsch durch die Institutionen voll in die Hose gegangen. Wer sich auch besch. fühlt u. d. Korrump. zurücknehmen will, bitte tel. Kontakt zw. Gründ. v. Interessengemeinschaft!

Jg. Mann, 26/180, sucht vermögende Dame, auf der er seine Sorgen vergessen kann.

Wer erfüllt jungem, wissenschaftlich tätigem Arzt (ohne bezahlte Überstunden) Jugendtraum und überläßt ihm äußerst preiswert gut erhaltenen Porsche oder ggf. ähnlichen Sportwagen?

Benutzung der Grillstellen ist bei genehmigten Veranstaltungen verboten.

Landgasthof mit Frauenzimmern, im Raum Bebra zu verpachten.

Das Sophie-Barat-Mädchen-Gymnasium nimmt vom neuen Schuljahr an auch Jungen auf. Im St. Ansgar-Jungen-Gymnasium wird das bereits seit 1980 praktiziert.

Spraydosen-Spruch: »Dada war schon da, bevor da da da da war.«

Werbetafel im Schaufenster eines Schönheitssalons: »Besuchen Sie uns, gnädige Frau, wir schrecken vor nichts zurück!«

Hiermit nehme ich meine Behauptung, daß eine Hälfte des Gemeinderates Ochsen seien, zurück.
Karl-Heinz Müller

Dr. H. K., Tierarzt, Ordinationsstunden nunmehr Montag – Freitag 14–16 Uhr, oder nach Vereinbarung mit dem Patienten.

Ein ordentliches Mädchen im Alter von 16 bis 18 Jahren, welches Lust zu Kindern hat, wird gesucht. Karl Jungmannstr. 11, Part. rechts.

Suche finanzkräftigen Teilhaber, der sich wegen der laufenden Preissteigerungen an meiner zu teuer gewordenen Geliebten beteiligt. Dienstag, Donnerstag und Freitagnachmittag noch frei.

Kleines, fröhliches Hausmütterchen (blond, ev., 22 Jhr.) sehnt sich nach einem lieben gebild. Ehekameraden mit christl. Deckungsart. Zuschr. unter T. V. 1324 an ...

Apothekenhelferin, 20, nicht unerfahren (kesse Berlinerin), sucht rüstig. Apotheker zwecks Erledigung seiner privaten Defekte. Heirat nicht ausgeschlossen. Diskretion Ehrensache. Angebote mit Bild unter S 7894 an diese Zeitung erbeten.

Aus der Anzeigen-Preisliste: »Achtspaltige Stellenangebote werden grundsätzlich am Fuß einer Seite placiert. Ausnahme: Abnahme einer ganzen Seite.«

Fahrtips aus der Praxis: »Weißes Licht. Es kommt ein Fahrzeug entgegen ... Rotes Licht. Es kann sich um Rücklichter oder um Bremslichter von stehenden oder fahrenden Fahrzeugen handeln. Grünes Licht. Grünes Licht an einer Verkehrsampel bedeutet: freie Fahrt.«

Der Pelzmantel als eine Art Zufluchtsort für den Mann, der aus der Kälte kam, für die Frau, die ihm damit die notwendige Wärme, das Heim, den Kuschelort gibt. In einer vom Terrorismus geprägten Zeit, in der Menschenleben eiskalt vernichtet werden, ist der Pelzmantel das natürliche, warme Anti zu den natogrünen Kampfanzügen der Anti-Antis.

Aus dem Aufsatz eines Schülers über die Quäker: »Die Quäker sind nette Menschen. Sie schimpfen nicht und zanken sich nicht. Mein Vater ist Quäker, aber meine Mutter ist was anderes.«

Schild in einem Kaufhaus, Abteilung Spielzeug: »Für Väter veranstalten wir Kurse, wie man die moderne Technik des Spielzeugs beherrscht. Diskretion garantiert.«

Aufschrift auf dem T-Shirt einer jungen Teilnehmerin an einer politischen Kundgebung: »Wer Gleichberechtigung mit den Männern will, hat keinen Ehrgeiz.«

Aufschrift auf dem T-Shirt eines hübschen Zwillingspärchens: Auf einem stand: »Ich bin Timmy und nicht Tommy«, – auf dem des anderen: »Ich bin Tommy und nicht Timmy.«

Aufschrift auf dem T-Shirt einer nicht gerade flachbrüstigen Schauspielerin: »So wie mein T-Shirt fülle ich jede Rolle aus.«

Überschrift: »Pastor erschießt Bären beim Konfirmationsunterricht.«

1 jähr. Stammkater sucht Mädchen zwecks Heirat zu kaufen.

Es gibt Ereignisse, über die sich auch andere freuen. Darum darf Ihre Familienanzeige nicht fehlen.

Konservative Familie sucht hübsches Mädchen in Beruf oder Studium, welches Sohn, 19 Jahre, 1,83, Abitur, aus der homosexuellen Szene ziehen soll. Finanzieller Ausgleich wird geboten. XD 562. Der Tagesspiegel. Postfach 1, Berlin 30

Schneiderinnen kaufen billig Reste bei der Obstverwertung Zweibrücken.

Wir haben für Sie alles hingerichtet – Kunden – Gebiet – Bestes Verkaufsinstrument – Schulung – Einarbeitung. Beste Organisation.
Damen und Herren mit PKW rufen Tel. ...

Wetterlage: An der Südseite eines über Südskandinavien hinweg nach Nordosten liegt Niedersachsen im Zustrom von Meereslust.

Steinzeit-Grabungsfunde aus Altersgründen preiswert abzugeben.

Wandkritzelei im Männerklo einer Kneipe: »Bin kurz weggegangen, komme gleich wieder. Godot.«

Friseurlehrling (inkl. Beleuchtung) wegen Umbau günstig abzugeben.

Gymnasiastin erteilt Nachhilfe in Eppstein, Englisch und Französisch – bis 10. Klasse.

Gebrauchter Grabstein zu verkaufen. Hervorragend geeignet für jemanden namens Hans-Jakob.

An einer Litfaßsäule hängt ein großes Plakat. In riesigen Lettern steht darauf gedruckt: »Dein Vorteil mit Imi!« Darunter hatte einer mit Filzschreiber geschrieben: »Und Dein Hinterteil mit Ata!«

Wie komme ich in die Zeitung? Diese Frage stellen sich viele Unternehmer. Die Antwort gibt ein Presse-Brief. Erzielen auch Sie kostenlose Veröffentlichungen in Millionenhöhe. Gratis-Info durch Peter J. Schmidt, Postfach 11640.

Versandhaus sucht Astrologen/Astrologin – überdurchschnittl. Bezahlung. Eilofferten bitte unter 550346 an die Frankfurter Allgemeine, Postfach 2901, 6000 Frankfurt 1.

Entfernung von Schmierparolen aller Art werden schnell und preiswert entfernt. Fa. W. Becker, Kundendienst ...

Die Besamungsstation Göttingen bietet wieder Kurse für Schweinebesamung im eigenen Bestand an.

Rinderkackfleisch, 1000g DM 9,99

»Kamel« in Elgendorf zugelaufen. Besichtigung nach telefonischer Voranmeldung.

Nachbau von mittelalterlichen Foltergeräten, halb- und vollautomatische Geräte und Maschinen nach Ihren Angaben. Diskrete Information unter »514058« an den Verlag.

JOSKA Kundenparkplatz! Parkdauer 1 Stunde. Beim Verlassen des Parkplatzes Auto mitnehmen.

Suche dringend Kinderwagen gegen Zweierzelt, nur einmal gebraucht.

Schild am Wagen eines Wanderpredigers: »Wo wirst Du die Ewigkeit verbringen? Die meisten Menschen entscheiden sich erst fünf Minuten vor zwölf. Unser Gottesdienst beginnt um 11.30 Uhr.«

Aus dem Kirchenblatt: »Während der Fastenzeit wollen wir die sieben Todsünden alle auf einmal erledigen: donnerstags um 20.00 Uhr in der Kirche.«

Bevor der Pfarrer die Gemeinde verließ, um eine Stellung als Gefängnisgeistlicher anzutreten, hielt er zum Abschied eine Predigt über eine Textstelle, die manchen Gemeindemitgliedern als wenig passend erschien: Ich gehe hin, um die Stätte für Euch zu bereiten.

Eine Insassin brachte in das Studentinnenheim eines Tages einen Papagei und schlug ihren Zimmergenossinnen vor, ihm das Sprechen beizubringen. Diese waren Feuer und Flamme und als sie dem Vogel eine gute Stunde lang den Satz: »Komm Kleiner, gib mir einen Kuß!« vorgesagt hatten, wurde von unbekannter Hand ein Zettel unter der Tür durchgeschoben. Darauf stand: »Wir wissen zwar nicht, was Ihr da für einen Typ bei Euch habt, aber gebt es lieber auf. Er hat offensichtlich kein Interesse.«

Schild in einer Kneipe: »Der Wirt übernimmt keinerlei Haftung für die politischen Äußerungen seiner Gäste.«

Anschlag in einer öffentlichen Bibliothek: »Personen, die in der Bibliothek schlafen, werden nach einer ersten Verwarnung im Wiederholungsfall mit einem Bußgeld von 20 Mark belegt. Gemäß einer kürzlich verabschiedeten Verordnung ist die Benutzung der Bibliothek zum Zwecke des Schlafens verboten. Diese Maßnahme erfolgt aufgrund zahlreicher Beschwerden von Lesern, die häufig keinen Platz mehr finden, da die Sitzgelegenheiten von Personen besetzt sind, die dort lediglich schlafen – sofern sie nicht sogar schnarchen.«

Spannerbettücher, Universalgröße, passend für 90/190, 90/200 Frottee-Stretch ... jetzt 13,–

Ein Rittergut in Deutschland ist nur für wenige erschwinglich. Von Frankfurt sind Sie in 16 Stunden auf Ihrem Gut in Südamerika, m. sehr gut. Boden u. Klima, das wir für Sie in der Art eines ostpreußischen Herrensitzes einrichten u. verwalten, bis es ein Mitglied Ihrer Familie selbst übernimmt. Wir zeigen Ihnen, wie Sie Jagdleidenschaft, Sicherheitsdenken u. Profit auf einen Nenner bringen.

Wo? Wann? Heute in Wiesbaden: Kleine Komödie: Keine Vorstellung; Staatstheater: Sommerpause; Volkstheater am Park: Wegen Umbau geschlossen; Museum: Geschlossen; Nassauischer Kunstverein: Geschlossen; Filmprogramm: Siehe Anzeigenteil.

Piranhas fressen Menschen! – Schlagt zurück: Eßt mehr Fisch!

Geräumiges Einfamilienhaus, schlüsselfertig, DM 187.000,– (auf Wunsch können wir den Preis um DM 50000,– reduzieren).

Meine Schwiegermutter kann unseren Collihund nicht leiden und möchte, daß wir den Hund verkaufen. Ohne lange zu überlegen verkaufe ich jetzt meine Schwiegermutter. Besondere Kennzeichen: Reinrassig, 53 Jahre, kann Hunde nicht leiden! Chiffre-Nr. 8218 – 8.

Pyromane für unter Denkmalschutz stehende Häuser ges. Diskretion zugesichert! Tel: 02054/7779; 9–18 Uhr

Beim Ordnungsamt wurde ein Pfundhund, und zwar ein Mischling, schwarzbraun, Hündin, als Pfundsache gemeldet. Der Eigentümer wird gebeten, sich umgehend beim Pfundbüro, Tel. 53212, zu melden.

Dieser Parkplatz darf ab 19.30 h. erst um 23.30 h. verlassen werden.

Leute, Ihr sollt Schuhe kaufen, sagt Euch Bundeskanzler ... Wenn Ihr alle kommt gelaufen, faßt die Wirtschaft wieder Tritt.

Student, BAFÖG gestrichen, sucht Damenbekanntschaft.

Schild in einer Garage: »Der Mann, der Werkzeug ausleiht und umsonst arbeitet, ist in Urlaub.«

Wir senken den Kartoffelpreis Sorte Climax 25 g
19,90

Dachwohnung, 117 Zimmer, ohne Heizung, rrh., 200,– DM.

Zeitungsnotiz: »Da das neugebaute Unteroffiziersheim bei einem solchen Andrang aus den Nähten platzen würde, wurde neben dem Heim ein 800 Menschen fressendes Festzelt aufgebaut.«

Zeitungsnotiz: »Sonthofen – In eine Kuhherde, die sich auf der Staatsstraße zwischen Sonthofen und Burgberg verirrt hatte, raste Sonntagnacht ein Motorradfahrer. Er und seine Soziusfahrerin wurden mit schweren Verletzungen in das Krankenhaus eingeliefert. Eine Kuh traf es noch schwerer – sie mußte notgeschlachtet werden –.«

60000 DM wöchentlich und Prämie für leichte Prospektverteilung. Tel. 7593

Zeitungsnotiz: »Im Deutschen Tennisbund wurde gegenüber 1975 ein Zuwachs von rund 93000 Mitgliedern verzeichnet, davon rund 26000 Jugendliche; der DTB zählt derzeit 77896 Mitglieder, davon 190949 Jugendliche.«

Wo binde ich die nette Dame, die mir beim Putzen helfen will, wöchentlich 3 Stunden.

Wer will, warum auch immer, bald Mutter werden? Junger gesunder Mann, etabliert, hat alle Zutaten zum Gelingen. Auch künstliche Versuche. Wer erfreut ihn mit Vaterschaft gegen Dank etc.?

Hiermit gebe ich freudig bekannt, daß ich – im Gegensatz zu 16 Millionen Krankheitsfällen – noch nicht von dem amerikanischen Schwachsinnsvirus DALLAS befallen bin.

Hinweisschild: »Notausgang! Diese Tür ist ständig verschlossen.«

Fotomodell frei – die Fotoausrüstung brauchen Sie nicht mitbringen, das Stativ genügt!

Tafel an einem Freudenhaus: »Aus deutschen Landen frisch auf den Strich!«

Herr in den besten Jahren will sein Jagdgebiet erweitern, obwohl die Munition knapper wird.

Schild in einer großen Buchhandlung: »Kaufen Sie die Bücher, die Sie in diesem Jahr zu Weihnachten verschenken wollen, schon jetzt: Dann können Sie sie noch selbst lesen!«

Leserzuschrift: »Haben Sie eigentlich auch schon festgestellt, daß die Leute vom Fernsehen allesamt menschenfeindlich sind? Mindestens fünfzigmal in der Woche zeigen sie, wie man einen Menschen um die Ecke bringt, aber nicht ein einziges Mal zeigen sie, wie man einen macht!«

Tafel bei einem Friseur: »Denken Sie nicht so sehr an die Haare, die Sie verlieren. Freuen Sie sich, daß Sie mehr Gesicht gewinnen.«

Ein Mann gab ein Inserat auf, in dem er nach einem antiquarischen Exemplar eines vergriffenen Gedichtbandes suchte. Er erhielt einen Brief von einer Dame, die ihm schrieb: »Meine Schwester und ich möchten Sie wissen lassen, daß wir den Band haben. Wir geben ihn aber um keinen Preis her.«

In einem Hotel beginnen die Hinweistafeln für den Brandfall mit der Ermahnung: »Ziehen Sie sich sofort etwas über!«

Aus dem Rundschreiben einer Verwaltungsbehörde: »Wir bitten alle Angestellten, beim Ausfertigen amtlicher Schriftstücke auf die Satzzeichen zu achten. Ein Satzzeichen steht an der richtigen Stelle, wenn es nicht falsch gebraucht wird.«

Hinweis an der Tür zum Speisesaal eines Ferienhotels: »Shorts und Badeanzüge nicht gestattet. Bitte vor dem Eintreten ablegen.«

Schild an einer einsamen Landstraße: »Achtung! Keine Verkehrszeichen!«

In einem Fragebogen für Volksschüler stand in einer Spalte: »Leben die Eltern zusammen?« Ohne lange zu überlegen schrieb eine Mutter hinein: »Ja, und sie sind sogar verheiratet.«

Ein Augenarzt hatte an seine neuen Patienten einen Fragebogen ausgeteilt, der unter anderem die Frage enthielt: »Wer hat die Sehschärfe empfohlen?«
Ein junger Patient schrieb in die Spalte: »Mein ehemaliger Tennispartner.«

Alkoholiker sucht Brauereiwitwe zwecks Dauerfreundschaft.

Suche Herren 28 – mit 3 Gang Schalt. Tel. 091 70/ 1548

Wer hilft mir bei der Finanzierung einer Drehorgel? Mein Ziel: Als »Leierkastenmann« meinen Lebensunterhalt zu verdienen. Zuschriften erbeten unter B A 263059 an die Frankfurter Allee ...

Verkaufe meinen Körper nach dem Tode; gegen Gebot, aber nicht in Einzelteilen. Chiffre 2002

Sie sind glücklich und zufrieden? Ändern Sie dies durch eine Nebentätigkeit.

Hotelbetrieb, unmittelbare Waldnähe – auch geeignet für Altenwohnheim, Sexclub o. ä.

Magierin treibt Ehemännern Seitensprünge aus, Partnerzusammenführung/Trennung durch Magie, Hellsehen. Tel. 040/2299971.

Aus der ›Neuen Juristischen Wochenschrift‹: »Berliner Anwaltskanzlei sucht einen versierten oder besonders lernfähigen Rechtsanwalt (Nichtraucher erwünscht, kein Alkoholiker).«

Christin sucht Putzfrau für die Zeit der Ferien, bei Einverständnis auch auf Dauer.

Bekanntmachung: »An alle Einbrecher, Diebe, Gangster, mutwillige Zerstörer und sonstige miese Typen: Wir wissen, daß wir in Münster die schönsten Autos haben. Wer versucht, einen Jaguar – Austin Rover – Ranch Rover – Alfa Romeo zu stehlen, lebt gefährlich! Wir tragen uns mit dem Gedanken, den Staatsratsvorsitzenden der DDR, Herrn Honecker, um ausgemusterte Selbstschußanlagen zu bitten. Ihr Autohaus Ing. W. Brand.«

Typisch französische Küche. Einzigartiges Restaurant mit halben Portionen.

Knusprig frisch aus dem Grill: Neue holl. Matjesheringe, Stück -,99

Bankkauffrau sucht grillwütige Begleitungen mit Ei! Treffpunkt Hessepark mit guter Laune.

Kritik über ein schwerverständliches philosophisches Werk: »Das wenige, was daran zusammenhängend ist, haben wir dem Buchbinder zu verdanken!«

Anschlag am Schwarzen Brett in einem Betrieb: »Der Spitzbube, der sich meine Jacke angeeignet hat, wird gebeten, sie wieder herauszugeben.« Am anderen Morgen hing darunter noch ein Zettel auf dem stand: »Habe Ihre Jacke gefunden, aber der Heilsarmee gegeben, weil ich mich nicht als Spitzbube titulieren lasse.«

Als der Fahrgast aus dem Bus stieg, drückte ihm ein bärtiger, in Lumpen gehüllter Mann mit traurigen Augen ein Flugblatt in die Hand. Es trug den Titel ›Der Untergang der Welt‹. Auf der Rückseite stand klein gedruckt: Zehnte Auflage.

Konkursfachmann gesucht – ausbaufähige Position für jedermann, der mit Konkursen Karriere machen will.

Schild in einer Diskothek: »Wenn Dir nichts weh tut, machst Du etwas falsch.«

Aus einem Merkblatt für Autofahrer: »Wenn es nicht der Mühe wert ist, den Sicherheitsgurt anzulegen, kann man ebensogut zu Fuß gehen.«

Ein Plakat des Frauenclubs, das eine Diskussion mit dem Thema »Wie wird eine Ehe glücklich« anzeigte, trug die Überschrift: »Was haben Sie mit Ihrem Mann gemeinsam?«
Darunter hatte jemand gekritzelt: »Wir haben beide am gleichen Tag geheiratet!«

Aufschrift am Heck eines kleinen VW-Käfers: »Wenn ich mal groß bin, möchte ich ein Cadillac sein.«

Schild im Schaufenster eines Fotogeschäftes: Möchten Sie Ihr jugendliches Aussehen für immer bewahren? Dann lassen Sie noch heute Aufnahmen von sich machen!

Schild auf der Terrasse eines in Hafennähe liegenden Restaurants: »Lassen Sie Ihr Essen nicht aus den Augen. Speisen, die die Möwen wegschnappen, werden nicht ersetzt.«

Anzeige eines Blumengeschäfts: »Rosen besonders preiswert! Sogar für Ehemänner erschwinglich.«

Annonce eines Kaufhauses, in dem Saris verkauft werden: »Eine Bluse als Zugabe für Kunden, die sich in weniger als zehn Minuten für einen Sari entscheiden.«

Die Post spielt auf die ständigen Verkehrsstauungen in der Stadt mit dem Werbespruch an: »Telephonieren Sie – mit dem Wagen kommen Sie da nie hin.«

Hinweis an der Tür eines sehr beschäftigten Managers: »Wenn Sie nichts zu tun haben, dann tun Sie es bitte nicht hier!«

Schild im Schaufenster einer Buchhandlung: » ›Die abendländische Kultur‹ (leicht beschädigt) – statt 45 nur 24 DM.«

Suche jungen Mann mit ernsthaftem Interesse am Erlernen des Stukkateurhandwerks. Keine Verwendung für Leute mit der Angewohnheit, in einer Hand die Zigarette zu halten und mit der andern zu arbeiten.

Kritzelei an der Wand eines Eisenbahnwagens, der von oben bis unten mit Sprüchen und Zeichnungen bedeckt war: »Dieser Wagen erscheint demnächst als Taschenbuch.«

Lokalnachrichten: »Mehrere Einwohner haben gestern am Himmel ungewöhnliche Objekte wahrgenommen, darunter drei Müllmänner.«

Werbespot einer Luftfahrtgesellschaft: »In unseren neuen Komfortmaschinen finden Sie vier Stewardessen statt zwei, von ihren breiteren Sitzflächen nicht zu reden.«

Die Umleitungsschilder sind so angebracht, daß ein Verfehlen des Weges kein Problem ist.

Über das Thema »Erfahrung« schrieb ein Fünfzehnjähriger: »Erfahrung ist das, was einem bleibt, wenn man den Namen des Mädchens längst vergessen hat.«

Schild an einem Wasserloch in einem afrikanischen Nationalpark: »Die Tiere werden gebeten, sich ruhig zu verhalten während die Parkbesucher trinken und umgekehrt.«

Schild in einem Regierungsgebäude: »Wer weiß, wovon er redet, kann es sich leisten, sich verständlich auszudrücken.«

Aus den Gerichtsakten: »So war es von Anfang an, Herr Richter; mein Mann hat mir zum Hochzeitstag Plattenalben mit Stimmungsmusik geschenkt: Musik zum Bügeln ... Musik zum Waschen ... Musik zum Schrubben ...

»Aber sicher bin ich mir über die Bedeutung des Eides im klaren, Herr Richter, ich habe doch schon mal einen Eid abgesessen.«

Als ich den jugendlichen Autofahrer angehalten habe und seinen Führerschein verlangte, gab er mir zur Antwort: »Wieso, den kriegt man doch erst mit achtzehn ...«

Zu dem Mißverständnis kam es, als ich dem Geschädigten sagte: »Sie haben meiner Frau eben auf den Fuß getreten. Ich verlange Genugtuung!« Und dieser mir lächelnd antwortete: »Aber gerne, meine ist die dicke Blonde da drüben!«

»Ich habe es mir überlegt, Herr Richter, wenn meine Frau bereit ist, die Hand zur Versöhnung zu reichen, so bin ich bereit, die Strafe anzunehmen!«

Polizeistation: »Sie sind hier wegen Landstreicherei festgenommen worden und behaupten, daß Sie ein Analphabet sind? Buchstabieren Sie das!«

»Angeklagter, Sie geben als Beruf ›Imker‹ an. Wie viele Bienen haben Sie denn?« – »Drei, Herr Richter, zwei in Hamburg und eine in Köln!«

Aufruf des Roten Kreuzes: »Spenden Sie Blut – es ist schließlich zum Zirkulieren da!«

Aufschrift am Heck eines Schnellkippers: »Hier ist mein Ende. Paß auf, daß es nicht auch deines wird!«

Schild an einem Parkplatz: »Gebührenfreies Parken nur Stammkunden gestattet.« Der Platz gehört einem Beerdigungsinstitut!

Aus einem Prospekt über Autoferien: »Schließen Sie die Augen, und lesen Sie weiter.«

Inserat einer Modeboutique für Teenager: »Kleider, die keiner Mutter gefallen ...«

Anschlag an der Mensa: »Mittagessen von 11.30 bis Mitte Oktober.«

Zeitungsnotiz: »Das Opfer des Autounfalls hat sich mindestens zwei Beine gebrochen.«

... Der Mann schrieb auf den Umschlag eines Briefes, der an seine Frau adressiert war: »Irrtümlich geöffnet, um nachzusehen, was drin ist.«

Zuschrift auf eine Anzeige im Kirchenblatt: »Hiermit bewerbe ich mich um die ausgeschriebene Stelle eines Organisten und Chorleiters, männlich oder weiblich. Bin beides seit Jahren mit Erfolg.«

Tafel an einem Häuschen: »Warnung vor dem Besitzer. Der Hund ist nicht bissig.«

Schild in einem Schaufenster eines kleinen, entlegenen Dörfchens: »Die Zeitungen von gestern sind morgen ab 15.00 Uhr erhältlich.«

Hinweis auf einem Kaufhaustisch mit Trikothemden: »Die hier plakatierten Thesen decken sich nicht unbedingt mit den Ansichten der Geschäftsführung.«

Bürokraft für Behörde gesucht. Es kommen nur Bewerber in Frage, die fähig sind, ohne besondere Aufforderung das Telefon abzuheben, wenn es klingelt.

Aus einem Zeitungsbericht: »Der Architekt sagte, daß die Bauausführungen sich verzögern, aber um wieviel, hänge davon ab, wie lange die Fertigstellung dauere.«

Ein Literaturprofessor forderte seine Schüler am letzten Schultag auf, ihm schriftlich ein paar Fragen zu beantworten. Eine davon lautete: »Hat sich durch meinen Unterricht Ihre Einstellung zur Literatur geändert?«
Eine der Antworten lautete: »Nein, sie macht mir immer noch eine Menge Spaß!«

Kräftige, dicke Frauen, die abnehmen wollen, für schwere, aber gutbezahlte Arbeit von einer Wäscherei gesucht.

Schild in einer Buchhandlung: »Lesen Sie diesen wunderschönen Roman, bevor die Filmindustrie ihn verhunzt.«

Gesucht: Liebevolles Heim für Siamkater mit Stammbaum, kastr. Eigentümer geht ins Ausland.

Tafel in einem Obst- und Gemüseladen: »Meine Birnen und Äpfel können Sie auch im Dunkeln essen!«

Zeitungsnotiz: »Das Vater unser hat 56 Wörter, die Zehn Gebote haben 297. Aber eine Verordnung der EWG-Kommission über den Import von Karamellen und Karamel-Produkten zieht sich über 26911 Wörter hin.«

Als ein Witwer eine Witwe heiratete, schickte er mit der offiziellen Heiratsanzeige auch folgende Karte: »Die übliche Geschenkpraxis wird diesmal umgekehrt. Befreundete Gratulanten erhalten aus unseren doppelten Beständen ein hübsches Geschenk.«

Schild auf einem Autofriedhof: »Bei uns bekommen Sie nur praxiserprobte Ersatzteile ...«

Als ich an der Kreuzung meinen Dienst tat, sagte ich der Dame aus dem horizontalen Gewerbe, sie solle aufhören zu winken, da es meine Aufgabe ist, hier den Verkehr zu regeln, wonach sie mir spitz erwiderte: »Meine doch auch!«

Anschlag in einer Kneipe: »Es wird gebeten, sich nicht mit den Fäusten zu unterhalten.«

Oberviechtach (ay). Frontal auf einen am äußersten rechten Fahrbahnrand parkenden Lastwagen fuhr gestern gegen 0.30 Uhr in Mitterlangau eine PKW-Fahrerin auf. Angeblich war sie durch die Sonne geblendet worden. Als sie den LKW bemerkte, war es zu spät; aufgrund der Schneeglätte konnte sie nicht mehr anhalten. Beim Zusammenstoß wurde ein Gesamtschaden von 2000,– DM verursacht.

Aus einer Regierungsverordnung: »Antragsteller, die ein Antragsformular wünschen, müssen ein Antragsformular ausfüllen.«

Der Anblick eines unbedeckten und ohne Herausforderung gezeigten Frauenbusens an einem Strand und im Sommer – wobei er nicht in Begleitung eines einzelnen Mannes, sondern in der Gruppe präsentiert wird – ist für sich genommen nicht dazu angetan, eine feststellbare Störung, eine erregende Wirkung oder Ekel beim heutigen Durchschnittsmenschen unseres Landes zu erwecken. (Urteilsbegründung des Berufungsgerichtes)

Richter: »Sie haben das Wort, aber fassen Sie sich kurz, und sagen Sie nur die reine Wahrheit; alles andere ist die Sache des Verteidigers!«

Zeitungsnotiz: »Der Herausgeber des Playboy-Magazins, Hugh Hefner, ist vom amerikanischen Justizministerium von dem Verdacht befreit worden, seine Finger im Rauschgiftgeschäft zu laben.«

Frischmilch, 3,5 % Fettgehalt, ungesund, kräftig, 1 l Schlauchbeutel 0,69 DM.

Aus einem Sprachschuleninserat: »Sagt Ihnen der Kurs nicht zu, so können Sie Ihr Geld nach der ersten Stunde zurückverlangen – auf französisch.«

Werbespruch eines italienischen Reisebüros: »Italien ist ein Land, in dem es im Schatten mehr Sonnenschein gibt als hier unter wolkenlosem Himmel.«

An einem Campingplatz steht ein Schild mit der verheißungsvollen Aufschrift: »Kompletter Entenimbiß 50 Pfennig.« Man kriegt einen Beutel mit geschrotetem Mais in die Hand gedrückt und darf am nahen Teich 50 Enten füttern.

Zeugnis einer Firma für einen Mitarbeiter nach Beendigung seiner Ausbildungszeit: »Herr J. K. hat in den vergangenen drei Jahren bei uns eine kaufmännische Leh absolviert und in dieser Zeit seine Pflichten zu seiner vollsten Zufriedenheit erfüllt.«

Lokalnachrichten: »An dem Großfeuer, das gestern in Hummelskirchen die dortige Papierfabrik in Schutt und Asche gelegt hat, waren drei Ortsfeuerwehren des Landkreises beteiligt.«

Tageshöchsttemperaturen vier bis neun Grad. Im höheren Bergland um zwei Grad. In der Nacht zum Mittwoch Bevölkerungsverdichtung und nachfolgend strichweise ...

Dem Mann, der mir vorige Woche den Fernsehapparat gestohlen hat, möchte ich hiermit öffentlich danken. Ich weiß erst jetzt, wieviel Freizeit der Mensch haben kann.

Zeitungsnotiz: »Die Postverwaltung hat der Auszahlung von Sonderprämien für Bedienstete zugestimmt, die vor Erreichen des Pensionsalters sterben. Die Anträge hierfür sind nach Möglichkeit drei Wochen vor dem Sterbefall, bzw. dem Zeitpunkt des Ausscheidens aus dem aktiven Dienst zu stellen.«

Bekanntmachung für Seeleute: »Erstens – die schwimmende Landungsbrücke am Kai ist an ihrem Liegeplatz gesunken und stellt eine Gefahr für die Schiffahrt in der Umgebung dar. Zweitens – die daran befestigten Lichter sind erloschen.«

In der Küche einer Hausfrau hing ein Spruch: »Beklage dich nie über die Fehler deiner Frau. Gerade diese kleinen Unvollkommenheiten haben sie vielleicht daran gehindert, einen besseren Mann zu bekommen.«

Anschlag in einem Büro: »Wenn Sie schon rauchen, dann atmen Sie wenigstens nicht aus.«

Notiz in einer Lehrerzeitschrift: »Die Teilnehmer an der Tagung ›Unterricht in der Neuen Mathematik‹ werden gebeten, die größere Hälfte des Saals zu benutzen.«

Nationalgesinnter sucht Zahnarzt im Raum Bonn. Um finanzielles Entgegenkommen wird gebeten, da in keiner Kasse ...

Zettel an einem gebrauchten Fernseher: »Dieses Gerät ist so gut wie neu. Die frühere Besitzerin, eine nette alte Dame, hatte etwas gegen Familienserien, Wiederholungen und Shows.«

Ein Schild an der bulgarischen Grenze: »Achtung! Kopfschütteln bedeutet bei uns ja, Kopfnicken nein.«

Tscherkessen-Familie sucht in Heumaden für ihren 4 Monate alten Sohn eine nette Frau.

Als ein Kunde seine Bestellung bei dem Versandhaus schriftlich stornieren wollte, bekam er ein Telegramm mit dem Wortlaut: »Storno nicht durchführbar. Sendung morgen abgeschickt.«

An einer Universität lief ein Kurs über außersinnliche Wahrnehmung. Ein Schild an der Hörsaaltür verkündete: »Parapsychologisches Seminar. Anklopfen überflüssig. Wir wissen, daß Sie da sind.«

Ablehnender Brief eines Lektors an den jungen Kriminalromanautor: »Ihr Manuskript ist miserabel. In Ihrem ganzen Buch gibt's keine einzige Leiche. Sie müssen doch wissen, daß erst der Tod einem Roman Leben gibt.«

Ein Bauer brachte an seiner Pferdekoppel ein Schild an: »Bitte füttern Sie das Pferd nicht mit Kuchen und Brötchen. Der Besitzer.«
Kurze Zeit danach stand darunter mit einer Hand gekritzelt: »Bitte beachten Sie die obigen Zeilen nicht. Das Pferd.«

Richter: »Die Ehe wird wegen schwerer Kränkung der Ehefrau geschieden, weil der Ehemann es nicht unterlassen hat, auf die Einbanddeckel ihrer Kriminalromane immer die Namen der Täter geschrieben zu haben.«

Meldungen aus dem Gerichtssaal: »Herr Richter, ich bestehe auf der Scheidung, mein Mann hat zehn Jahre lang mit mir nicht gesprochen.«
»Was haben Sie dazu zu sagen?« – fragte der Richter den Ehemann. – »Ja, Herr Richter, ich wollte sie nicht unterbrechen.«

Richter: »Aus Ihren Worten muß ich schließen, daß der Baum, gegen den Sie gefahren sind, plötzlich nach links ausscherte, ohne ein Richtungszeichen zu geben.«

Suche Franz. Bett, Tief-Gefrier-Kombination, Ruf 36094

Er sucht Schachspielerin, evtl. Dauerfreundschaft.

Verwaltungsangestellter sucht netten, seriösen Herrn bis 35 Jhr. zwecks späterer Heirat. Nur ernstgemeinte Zuschriften unter RP 1312.

Junger Mann (86) wünscht monatlich, Ende des Monats für 1–2 Tage Hilfe im Haushalt.

Wer verschenkt oder gibt billig ab: Matratzen für ein Doppelbett und einen Ölofen? Tel. 78278

Unser separates Gesellschaftszimmer ist geeignet für: Familienfeiern, Tagungen, Besprechungen, Beerdigungen. Wir erwarten Sie gern!

Ehepaar mit Kind in Lauerstellung und ruheliebendem Zwergpapagei sucht z. 01. 11. oder 01. 12. eine sonnige 3–4-Zimmer-Wohnung.

Lokalnachrichten: »Obwohl der neue Gemeinderat bis zum Bersten voll war, herrschte dennoch oder gerade deswegen an den dichtgedrängten Tischreihen ein fast familiäres Zusammensein einer Dorfgemeinschaft.«

Wer immer noch auf seinen Kohlen sitzt und auf den 6. März wartet, bis man ihm das Fell über die Ohren zieht, der soll nicht sagen, wir hätten einen Vogel, weil ihm die Felle weggeschwommen sind. Mit anderen Worten: Kaufen Sie Ihrer Frau doch endlich den M & R-Pelz, den sie schon lange verdient hat ...

Fitness-Tip (aus der Frauenzeitschrift ›Brigitte‹): »Nun läßt man die Vorstellung auf sich wirken, ein Känguruh zu sein, das auf einem Barhocker sitzt. Der lange, kräftige Schwanz hängt schwer zu Boden. In Gedanken hebt man nun diesen schweren Schwanz langsam in die Höhe, bis er waagerecht vom Körper absteht. In dieser Position hält man ihn ein wenig und versucht zu fühlen, wie die Muskeln im Becken reagieren.«

Weil ich übermäßig reich wurde damit, möchte ich aus meinem Pelzgeschäft an der Züricher Bahnhofstraße, der besten Geschäftslage Europas, aussteigen. Kapitalkräftige Interessenten melden sich unter Chiffre.

An alle Lehrer im Umkreis! Ich habe aufgegeben und bin wieder ganz brav! Bei allen nur erdenklichen Gelegenheiten schreibe ich wieder ärztliche Schulatteste in jeder Menge und ganz umsonst!
Dr. med. W. Reiter, Landau.

Gebr. Richterrobe, gut erhalten, preiswert abzugeben. Suche gebr. Anwaltsrobe zu kaufen. Konfektionsgröße 50/52.

Die Schule ist aus, der Lehrer ging nach Haus.

Ein Abteilungsleiter wollte sehen, ob seine Sekretärin bei der Sache war und schaltete in ein Briefdiktat den Satz ein: »Wenn Sie noch Fragen haben, so will ich sie Ihnen in ein, zwei Wochen, wenn wir dann noch existieren, gern telefonisch beantworten.« Wie gut die junge Dame aufpaßte, bewies das von ihr im eigenen Namen hinzugesetzte Postskript: »Wenn Sie eine freie Stelle haben, so rufen Sie mich doch bitte sofort an.«

Lokalnachrichten: »Ein Skelett, das vor zwei Wochen im Mittelmeer gefunden wurde, konnte ein neues Leben in einem Museum beginnen.«

Wer ein Hausschwein schwarz einfärbt, um es bei einer Treibjagd als Wildschwein zu präsentieren, verstößt gegen das Tierschutzgesetz.

Die Kriminalpolizei rät: Gesundes Mißtrauen ist keine Unhöflichkeit. Lassen Sie fremde Personen in Ihre Wohnung!

Beförderungsbedingungen: ... Fahrgäste, die Hunde gefährden können, müssen einen Maulkorb tragen.

In der Polizeiführung werden gegenwärtig Maßnahmen vorbereitet, die einem drastischen Rückgang der Diebstahls- und Einbruchskriminalität als Folge der Reorganisation entgegenwirken sollen.

Opernabonnement abzugeben: montags, 2. Reihe Parkett, Ausgangsnähe.

Der Zeitpunkt des Todes läßt sich in allen Fällen exakt fixieren, bei denen der Tod in Gegenwart des den Leichenschein ausstellenden Arztes eintrat.

Balingen. Am Mittwochnachmittag kam es wegen Mißachtung der Vorfahrt auf einer Kreuzung in Balingen zum Zusammenstoß zweier Pkw-Fahrerinnen. Hierbei entstand ein Sachschaden von 3000 Mark.

Auch liebt für die Polizei das Tatmotiv offenbar noch immer im Dunkeln.

»Zu der Verletzung kam es sozusagen zufällig und unabsichtlich. Als ich mit dem beladenen Heuwagen heimfuhr, bemerkte ich am Wegerand noch ein Haufen Heu. Ich dachte mir, es wäre schade, das liegenzulassen und stach mit der Heugabel hinein, um es aufzuladen. In dem Moment sprang mein Nachbar Pankratz K. schreiend heraus, in die rechte Arschbacke getroffen und hinterher meine Frau Amanda, erst während des Laufens an gleicher Stelle verletzt.«

Zum unberechtigten Anhalten des Intercity-Zuges auf freier Strecke kam es, als die Angeklagte Anita R. im Zugabteil mit ihrem Freund Detlef H. beim Sex so in Fahrt kam, daß sie mit dem Fuß im Griff der Notbremse hängenblieb.

›Gebrandmarkt‹. Englischer Spielfilm von 1960. Ein Mann kämpft gegen seine Vergangenheit mit Maria Schell u. a.

Gasthof Vogel, heute, Freitag, 20.00 Uhr, Tanz mit dem bekannten und beliebten Dörfl-Trio. Täglich gutbürgerlicher Mittags- und Abendtisch. Samstag ab 14.00 Uhr geschlossen. Freudenzimmer in ruhiger Lage. Freundlich lädt ein Familie Traban.

Night-Club »Bel ami« bietet an den Feiertagen Ober-ohne-Bedienung.

Lokalnachrichten: »Beim Fundamt der Stadt Soest wurden in der Zeit vom 01.–08. Dezember folgende Gegenstände abgegeben bzw. als gefunden gemeldet: 3 Modeschmuckketten, ein Modeschmuckring, eine Tote mit einem Rock und Stoffresten und ein Mülleimer.«

Schild in einer Kirche über dem Opferstock: »Wer diesen Opferstock beraubt, handelt genauso schändlich wie einer, der ein unschuldiges Mädchen verführt!«
Darunter stand: »Beides gemacht, kein Vergleich!«

Charmante, gebildete, gutaussehende Dame, vielseitig interessiert, musik-, kunst- und naturliebend, Mitte 40, möchte mit charaktervollem Herrn ...

Medizinstudent sucht guterhaltenen Schädel zum Lernen. Tel. 735 18

Übernehme Schreiarbeiten, deutsch, englisch, französisch.

10 Festtagsenten zum Festtagspreis von 6300,– DM.

Anzeige der BKM Beratungsgesellschaft: »12 Wochen leben wie König Ludwig II ... dort, wo er sich wohlfühlte – im Pfaffenwinkel – bieten wir Ihnen wertvollen Immobilienbesitz – Ludwig II ... auch er finanzierte seine Immobilien aus Steuern.«

Rundschreiben des Anwaltsvereins an seine Mitglieder: »Der Leihrobenschrank im Ziviljustizgebäude ist zum dritten Mal(!) mit Gewalt aufgebrochen worden. Der Anwaltsverein ist deshalb veranlaßt, darauf hinzuweisen, daß Roben nicht mit Gewalt ausgeliehen werden müssen. An einem für jeden zugänglichen Garderobenständer hängen Leihroben in ausreichender Zahl.«

Achtung! Gruppe jg. Fachoberschüler (20–22), sportl. bis schlaff, versch. Charaktere, suchen w. d. BAföG-Misere nette, lustige Töchter aus gutem Hause.

Eintrittskarte für Konzert von »Trio« günstig abzugeben. Guter Parkettplatz – Nähe Ausgang.

Angebot eines Video-Studios: »An alle werdenden Mütter und Väter! Auf jeden Fall ist die Geburt Ihres Kindes ein besonderer Lebensabschnitt, den Sie unbedingt festhalten sollten. Deshalb zeichnen wir Ihre Geburt mit semiprofessionellen Video-Kameras auf. Rufen Sie uns sofort an, wir kommen sofort, wenn's bei Ihnen soweit ist.«

Am Samstagvormittag hatte sich ein Verkehrsunfall ereignet, der sich bereits in der Nacht zuvor ereignet hatte.

Schild an einem Entbindungsheim: »Keine Unglücksfälle.«

Postkarte von der Hochzeitsreise: »Frohe Grüße. Daheim mehr. Oskar mag es nicht, wenn ich dabei Karten schreibe.«

Skelett von Medizinstudenten zu kaufen gesucht. Angebote unter Nr.

Schild in einem Zimmer eines Bundeswehrkrankenhauses: »Rauche nicht im Bett; die Asche, die herausfällt, könnte Deine eigene sein!«

... Obengenannter ist am 17. 05. im dortigen Krankenhaus verstorben. Wie bitten um freundliche kurzfristige Zusendung zwecks Einsichtnahme ...

Brief einer Dame des horizontalen Gewerbes an das Gesundheitsamt: »Sehr geehrter Herr Amtmann Schneider! Hiermit schicke ich Ihnen meinen Ausweis zurück. Streichen Sie mich auf der Strichliste. Ich will jetzt wieder normal schaffen gehen!«

.. unseres Insektenmittel tötet die Fliegen zwar nicht, aber es macht sie so liebestoll, daß man zwei gleichzeitig erschlagen kann!

Suche gewerkschaftlich organisierte Nonne, zwecks Betriebsgruppenerweiterung.

Suche neue Schlaufen für VW! Wenn möglich mit VW.

Aus einem Touristenprospekt: »Kon-Tiki wünscht Ihnen einen angenehmen Urlaub und hofft, Sie bald an Bord willkommen zu beißen.«

Zeitungsnotiz: »Dem im Herbst vergangenen Jahres mit großem Erfolg gezeigten Schwanz ›Der Schrecken der Saison‹, den in fünf Ausführungen nahezu 2000 Personen belacht und beklatscht haben, folgt nun ein Lustspiel von Franz Schaurer ›Urlaub vom Doppelbett‹.«

Friseuse gesucht. Selbstverständlich arbeitend. Gute Verdienstmöglichkeit.

Gernsehen s/w, 1.2.3. Progr. mit Antenne, zu verk. f. DM 150,–.

Wer verkauft einer blinden Rentnerin preiswert einen Fernseher? Angebote unter S 894.

Vertrauliche Beratung bei ungewollter Schwagerschaft, sexuellen Fragen und Familienplanung.

Zeitungsnotiz: »Pricking als Verwalter. Der althergebrachte Umgang mit Kühen und Schweinen vermochte den Angestellten nicht zu befriedigen – da heiratete er die Tochter des Hofes und krempelte erst recht die Ärmel hoch.«

Zeitungsnotiz: »Prinzessin Anne hat am Sonntagabend das Londoner Krankenhaus verlassen, in dem sie nach ihrem Sturz von einem Pferd behandelt worden war.«

Pflegemotiv (zeitl. unabhängig) für Einjährigen, nach Buchheim.

Zahnarztehepaar mit Industriebeteiligungen sucht für seine einzige attraktive (keine Zahnlücken) sportliche (Reiterin, Tennis, Ski, Golf) und mehrsprachige Tochter (23 Jahre, 1,70 m groß, Maße: 99, 60, 90) zielstrebigen, zuverlässigen und repräsentativen Lebenspartner (Alter bis 45 Jahre). Nur ernstgemeinte Zuschriften ...

VW-Käfer mit weibl. Inhalt (30 J.) sucht gut erh. Volvo für nette Treffen. Zuschriften mit Bild zurück ...

Zeitungsnotiz: »Mehr als die Hälfte der Studentinnen an amerikanischen Universitäten sind Frauen.«

Pelzgerberei. Wir gerben auch Ihr Fell.

Aus der ›Kirchenchronik‹ der St. Martins-Pfarrei Pfaffenhofen: »Die qualvolle Wohnungsenge veranlaßte die Pfarrgemeinde im Jahre 1950 zum Bau eines Leichenhauses.«

Firma für Schnee-Räumgeräte sucht einen Berufs-Indianer zur Aufführung des echten Schnee-Tanzes. Das Honorar richtet sich nach Fähigkeit, Erfahrung und Erfolgen. Federn sind erforderlich.

Gottesfürchtige Urchristen! Gläubige, an der sich Jesu Christi Weissagung im Johannes-Evgl. Kap. 21, Vers 23, seit 1956 im Segensgeheimnis erfüllt hat, sucht dringend 40–50 m^2 große Wohnung im Erdgeschoß oder 1. Stock.

Straßenschild: Straße des Fortschritts – Sackgasse.

Schild im Schaufenster eines Geschäfts für Gartengeräte: »Denken Sie an Ihre Nachbarn. Lassen Sie jetzt Ihren Rasenmäher überholen, damit Sie ihn ausleihen können.«

Ein wegen einer dringenden Reparatur telefonisch herbeigerufener Handwerker fand an der Wohnungstür einen Zettel mit der Aufschrift: »Bin nach fünf Minuten wieder zu Hause.« Er schrieb darunter: »Ich auch.«

Schild in einer Autowaschanlage: »Setzen Sie Ihren Wagen auf salzlose Kost.«

Zahnarzt sucht dringend Sprechstundenhilfe. Bitte rufen Sie mich an. Wenn nicht abgenommen wird, ist die Stelle noch frei.

Bekanntmachung: »Morgen wieder kostenlose Tollwutuntersuchung. Alle Hunde müssen in Begleitung Erwachsener an der Leine sein.«

Ein Literaturprofessor stellte den Studenten in einem Seminar die Aufgabe, eine kleine Geschichte zu schreiben, in der Religion und das Königshaus, aber auch ein bißchen Sex und Krimi vorkommen sollten. Einer der Studenten schaffte es in einigen Minuten. Er schrieb. »Mein Gott, die Königin ist schwanger. Wer war's?«

Die Handwerkskammer Trier in einer Pressemitteilung: »Kommt im April die Sommerzeit, bleibt's länger hell für Schwarzarbeit.«

Junge, hübsche Studentin der Pathologie (blond, 1,68) möchte reiferem Lebenspartner (möglichst ohne Angehörige) einen kurzweiligen Lebensabend bescheren. Nur Bildzuschriften ...

Aus einem Schreiben für »offene Information bmH« (GEO) an Ärzte und Zahnärzte: »Das geht auch Sie an! ... gegen Hunderte von Zahnärzten laufen staatsanwaltschaftliche Ermittlungen wegen Verdacht auf Steuerhinterziehung und Betrug. Wie reagieren die Finanzämter? ... Wie kann man sich optimal sichern? ... Diese und weitere brisante Informationen erhalten Sie postwendend gegen Einsendung eines Verrechnungsschecks in Höhe von DM 20.«

Charles küßt seinen Hund und dann Diana. Dadurch besteht Gefahr fürs Baby. Und die Prinzessin verzichtete natürlich ab sofort auf die Zärtlichkeiten ihres Mannes.

Modebericht: »Die Hose, das männlichste aller Kleidungsstücke, erwacht durch besonders raffinierte Schnitte erneut zu herrlich bequemer Weiblichkeit.«

Anzeige im ›Börsenblatt für den Deutschen Buchhandel‹: »Unter Hinweis auf § 16 UWG nehme ich Titelschutz in Anspruch für folgende Titel: Gestatten, Chopper; Die Chopper-Hysterie; Gestatten, mein Name ist Chopper; Chopper, der verliebte Geist aus der Kloschüssel; Himmel, Arsch und Chopper; Chopper, der Vibro-Geist; Chopper, der verliebte Elektro-Kobold; Chopper und die Geisterjäger; Chopper, ein Geist gesteht . . .«

Annonce eines Skigeschäfts: »Mit uns geht's abwärts!«

Da die Frau den enormen Appetit ihres Mannes kannte, legte sie auf ein Dutzend Fleischpasteten einen Zettel mit den Worten: »Gezählt – ein Dutzend.« Als sie heimkam, waren zwei Pasteten verschwunden, und der Text war geändert: »Gewöhn Dich ans Dezimalsystem!«

Plakette am Rockaufschlag eines gut aussehenden jungen Mannes in einem Wintersportzentrum: »Après-Ski-Lehrer.«

In einem kleinen Dorf steht ein weißgetünchtes Häuschen, das ein Schild über der breiten Einfahrt als Spritzenhaus der freiwilligen Feuerwehr ausweist. Ein zweites Schild am Tor trägt die Aufschrift: »Bei Feuer Tür öffnen und Löschgerät entnehmen.«

Tafel im Schaufenster eines Optikers: »Wenn Sie nicht sehen, was Sie suchen, sind Sie hier richtig.«

Tafel auf einem Direktorenschreibtisch: »Seien Sie vernünftig – tun Sie, was ich sage.«

Vervielfältigungsapparat, »ROTO 451«, Neuwert 1700,– DM für 300,– DM einschl. Matratzen, Farbpatronen, Papier.

Wanderkamerad von 49jähr. Witwe gesucht. Weitere Hobbys: Musik, Tanz-, Schwimm- und Skisport. Zuschriften, wenn möglich mit Bild, werden vertraulich behandelt.

Am Donnerstag feiert Alfons Dubek ein 50jähriges Hochzeitsjubiläum und auch seinen 76. Geburtstag – er hat seine Liebe zum Pferd wieder entdeckt, wovon ein kürzlich geborenes Fohlen Zeugnis ablegt.

D. K. kapitaler Rüde, grausch., mit Pap., 5 Jahre, apportiert jedes Stück Fuchs, Katze, Kinder, Auto, Zwinger gewöhnt, wegen Altersgründen in gute Hände zu verkaufen.

Alles für Diebe. Flur-Garderoben in großer Auswahl.

Aus einem Prospekt: »Dieses wirklich sehenswerte, ungemütliche und dabei geradezu komfortable Haus (ca. 76 qm auch bis 113 qm Wfl.) hat 3–4 schöne Zimmer, eingerichtete Küche, Duschbad, WC. Hat Heizung und ist ganzjährig bewohnbar.«

Schlafzeuger/Sänger sucht Organisten als Duo-Partner für Tanzmusik in Kurbädern täglich.

Holz- und Kunststofftechniker in ungesündigtem Arbeitsverhältnis, 27 Jahre, verheiratet, sucht neuen Wirkungskreis.

Dame, 63, patent, sucht gutsituierten Herrn, auch als Hausdame (Größe 160).

Junge, erfahrene Sekretärin – möglichst nicht über 19 Jahre alt und zehn Jahre Erfahrung ...

Alleinsekretärin gesucht – stellen Sie sich darauf ein, daß Sie Ihr Mittagessen am Schreibtisch einnehmen müssen, damit das Telefon nur ja keinen Augenblick unbesetzt bleibt.

... Fähigkeiten zur selbständigen Abwicklung der Korrespondenz – der Chef ist ein Mann ohne Hauptschulabschluß.

Attraktive junge Dame mit sicherem Auftreten – der Chef sucht was für's Herz.

Sekretärin gesucht, erstklassiges Arbeitsklima – schlechte Bezahlung, aber häufige Besuche junger Vertreter.

Sekretärin, kontaktfreudig, imstande zu repräsentieren. Sie müssen sich mit verärgerten Kunden, Behördenvertretern, Lexikonverkäufern und der Frau des Chefs herumschlagen.

Schild in einer Kirche: Gesucht – Arbeiter für Gott. Viele Überstunden.

Der Hundesportverein Schaidt hat am Samstag, 23. Oktober, sein Schlachtfest. Die gesamte Bevölkerung ist eingeladen. Kesselfleisch gibt es ab 12 Uhr. Schlachtplatte um 15 Uhr.

Ich verlege meinen Witz nach 1000 Berlin 38, Alemannenstr. 18a, Telefon: 8032979 – Ernst Witzig, Steuerbevollmächtigter –

Wer kann zur Aufklärung eines Verkehrsunfalles beitragen, verursacht durch ein Bett, Kölner Straße, Richtung Lahnstein, Sonntagabend?

Gesucht wird die Frau, die am Montag gegen 21 Uhr auf Wilbasen mit zwei Frauen in ein Zelt kam und dieses sofort wieder verließ. Kennzeichen: blaue Schuhe, rechts Auge.

Wir suchen ab sofort einen gewissenhaften und zuverlässigen Herrn als Brotzeitholer. Wir bieten den sicheren Arbeitsplatz eines weltweit tätigen Unternehmens bei guter Bezahlung, gleitender Arbeitszeit sowie verbilligtem Kantinenessen.

Tierarzt, 35, kann unter dem Rindvieh nicht die richtige Partnerin finden. Welche romantische, nicht alltägliche Sie gibt ihr Versteck bekannt?

Badewanne zum Ausschlachten oder in fahrbereitem Zustand zu verkaufen.

Junghennen, teils am Leben, tägl. bei Geflügelhof Lasler.

Dame, 39, 1,65 m, jugendlich, gepflegte Erscheinung, eig. Geschäft im Raum Nürnberg, wünscht die Bekanntschaft eines guts. Herrn bis 45 m.

Kompl. Skiausrüstung, Gr. 43, 2 cm lang, für 150 DM zu verkaufen.

Aus einem Kaufhausprospekt: »Toastbrot, 500 g Paket 59,– DM.«

Buchhalterin, verheiratet mit kl. Hund, sucht kurzfristig 2–3 Zimmer-Wohnung bis 400,– DM.

REVUE-matic 110X Kassettenkamera, bisher 25,–, jetzt nur 5,–. Sie sparen 5,–.

Frauen für Bar ab sofort gesucht, guter Verdienst, werden geholt und gebraucht.

Gummersbach-Lindenstock, sonnige, moderne Wohnung, 77 qm, 2 Zimmer, Küche, Diele, Bad, Abstellraum. Loggia zu vermeiden.

220 D, Baujahr 1974, TÜV 4/78, unfallfrei, 43 000 verschiedene, sinnvolle Extras.

Schild auf einer Autostraße: »Fahre, als säße Deine Familie im anderen Wagen.«

Anzeige einer Pferdemetzgerei: »Sie hatten auf's falsche Pferd gesetzt? Rächen Sie sich! Essen Sie Pferdefleisch!«

Tafel in einem Park: »Wer auf den Rasen tritt, zahlt zwei Mark Strafe. Bei größeren Gruppen Ermäßigung.«

Schild an der Tür eines Kunstgewerbeladens: »Sollten Sie der Meinung sein, man dürfe Kindern nichts verbieten, lassen Sie sie bitte im Wagen.«

Leserzuschrift in einem schneereichen Dezembermonat: »Alle, die um weiße Weihnachten beten – bitte aufhören.«

Am Schwarzen Brett einer Universität hing ein sorgsam getippter Zettel: »Jakob vom handelsrechtlichen Seminar! Sie haben sich meine Kamera ausgeborgt, und ich kann nicht auf Ihren Zunamen kommen. Vielleicht haben Sie meine Telefonnummer verloren. Rufen Sie bitte 73213 an.«
Einige Tage danach hing der Zettel noch immer dort, aber am unteren Rand stand in Druckbuchstaben ohne Unterschrift: »Ihre Kamera habe ich auch verloren.«

Aus der DDR-Zeitschrift ›Volksarmee‹: »Beim letzten Wäschetausch in unserer Kompanie bekam ich eine zu große und außerdem geflickte Unterhose«, schreibt Soldat K. Neiding und fragt, ob dies überhaupt zulässig sei.
Oberstleutnant J. Ludwig antwortet: »Die Frage ist mit einem prinzipiellen Nein zu beantworten. Die DV 063/0/001 über Bekleidungs- und Ausrüstungswirtschaft der Nationalen Volksarmee sagt eindeutig aus, daß der Tausch der Leibwäsche personengebunden zu erfolgen hat.«

Aus dem Brief eines Abgeordneten an seine Wähler: »Eines sollten wir uns klarmachen – das Wasser!«

An einer Kirche hing ein Anschlag mit der Frage: »Wo wirst Du am Tage des Jüngsten Gerichts sein?«
Darunter hat jemand gekritzelt: »Immer noch hier an der Haltestelle und auf einen Bus warten.«

Anzeige in einer Universitätszeitung: »Beginn der Hochschul-Außenkurse der Universität, 19.30 Uhr: ›Wege zu Gott‹.
Wegen der Fahrgelegenheit wende man sich an den Pfarrer.«

Schild an einer Bartheke: »Wenn Sie trinken, um zu vergessen, zahlen Sie bitte im voraus!«

Anschlag am Schwarzen Brett eines Pfadfinderheims: »Ein Pfadfinder ist zuverlässig, treu, hilfsbereit, freundlich, höflich, gehorsam, heiter, sparsam, tapfer, reinlich, gottesfürchtig und hungrig.«

Schafhirt gesucht. Guter Lohn, reichliches Essen, Pferch mit Transistorradio und Fernseher.

Tafel im Schaufenster eines Friseurs: »Wir brauchen Ihren Kopf.«

Schild in einem sich im Hochhaus befindlichen etablierten Geschäft: »Reklamationsabteilung im 45. Stock. Aufzug außer Betrieb. Bitte benutzen Sie die Treppe.«

Aufkleber an der Heckwand eines Landwirtschaftsfahrzeuges: »Wer über die Bauern herzieht, sollte nicht mit vollem Mund reden.«

Zeitungsnotiz: Der 24stündige Streik, der gestern früh um 8.30 Uhr begonnen hat, soll morgen mittag beendet werden.

Zettel an einer Haustür: »Wenn Einbrecher hier Geld vermuten, bitte jederzeit – auch nachts – stark klopfen und klingeln. Öffne gern und helfe suchen.«

Feministinnenparole auf einer Hauswand: »Wenn du einen Mann angelst, wirf ihn zurück!«

Belgischer Hersteller erstklassiger Damen-Konfektionskleidung sucht Vertreter für den Absatz seiner Kollektionen in Deutschland.

Achtung, Achtung! Werkswagen neu eingetroffen! BMW – Audi – Passat – Käfer – Kadett – Ascona – Rekord, mit 3 km Garantie, weit unter Neupreis.

Arbeitsscheuer Kellner ab sofort gesucht.

Aus einem Prospekt eines Opernhauses: »Wollen Sie sich an Liebe, Lüsternheit, Unzucht, Ehebruch, Mord, Eifersucht, Wahnsinn, Rachsucht, Habgier und dergleichen ergötzen, ohne in Gewissenskonflikte zu geraten, dann besuchen Sie die Oper!«

Überschrift einer Zeitungsanzeige: »Überzählige Motoren und Wirtschaftsingenieure abzugeben.«

Großes Koffer-Radio UKW, MW, Netz, Batterie u. Ohrhörer, einmaliger Sonderpreis nur 58,– DM.

Bibel 1729 v. Chr., Pfaffen/Tübingen, Lederbezug auf Holz, zu verkaufen.

Hausbesitzer: Hier ist der Beweis dafür, daß Inserate in der Zeitung Erfolg bringen! In der Morgenzeitung stand vorige Woche folgende Anzeige:
»Geräumiges Schlagloch Herlachstraße; geeignet für Postamt und Einkaufszentrum, 2 Schlafz., Bad, Wohnz. und Studio. Langfristiger Mietvertrag; sofort beziehbar, keine Tiere. Tel. 73213«
Das Schlagloch wurde am nächsten Tag von städt. Arbeitern mit Asphalt gefüllt. Und der Mann aus der Herlachstraße, der die Anzeige zum Spaß aufgegeben hatte, bekam 30 Anrufe von Interessenten. Die meisten wollten wissen, ob öffentliche Dienstleistungen eingeschlossen sind.

Zeitungsnotiz: »Wienhold hat inzwischen die schwere Gehirnerschütterung und die komplizierte und nicht ungefährliche Geburt seines ersten Sohnes Sascha hinter sich gebracht.«

Zeitungsnotiz: »Bei der dreitägigen Vielseitigkeitsprüfung in South Wiltshire fiel Prinzessin Anne vom Pferd und stürzte in den Fluß. Beide blieben unverletzt.«

Gutes Heim für einen Staffordshire-Bullterrier gesucht. Ist beinahe menschlich, aber sonst in Ordnung.

Bekanntmachung des Finanzamtes in Montpellier/Frankreich: »Unsere Büros sind für die Einzahlungen von neun bis zwölf und zwei bis vier geöffnet, ausgenommen Sonn- und Feiertage und die Nachmittage der Samstage und der Wochentage vor dem 26. jedes der ersten elf Monate sowie dem letzten Arbeitstag im Dezember.«

Werbeslogan eines Grundstückmaklers: »Bauen Sie jetzt – bis zu 50 % billiger als 1980.«

Auf die Rückseite eines Familienfotos, das meine Frau ihren Eltern schicken wollte, schrieb sie: Von links nach rechts – Otto.

Schild im Schaufenster eines geräumten Ladens: »Diese Geschäftsräume befinden sich jetzt im Hause gegenüber.«

Schild an einer Autobahn: »Wer für's Benzinsparen ist, wird gebeten, den rechten Fuß zu heben.«

Schüler möchte gern gute, warme Geburtstagshandschuhe und eine gestrickte Geburtstagskrawatte gegen weiße Maus oder sonst etwas Nützliches tauschen.

Im Studentenwohnheim hat eine Insassin, die es müde war, durch die Telefongespräche ihrer Kommilitonen vor der Zimmertür bei ihrer Arbeit gestört zu werden, über dem Apparat folgendes Schild angebracht: »Flüstern ist doppelt so sexy.«

Als der Augenarzt Dr. Basten von dem Supermarkt zurückkehrte, mußte er feststellen, daß sein Wagen eine Beule am linken Kotflügel hatte. Auf einem Zettel unter dem Scheibenwischer stand folgende Mitteilung: »Herr Dr. Basten, habe ich Ihnen nicht schon vor einem Vierteljahr gesagt, daß ich eine Brille brauche ...?
Ihre betroffene Patientin Barbara Meyer.
P. S. Rufen Sie mich an, wann ich in die Praxis kommen soll!«

Münchner, 38/178, Vollbartträger, Forscher ... sucht eine hingebungsvolle Partnerin. Unter Zeich. Hausmeister.

Ein großes Zelt diente auf einem Campingplatz als Kirche. Ein kleiner Benzinmotor versorgte die Orgel mit Strom. Darüber stand auf einem großen Schild die inständige Bitte: »Um Gottes Willen, nicht berühren!«

Aus den Gesellschaftsnachrichten: »Egil Andrews hat kürzlich geheiratet. Herr Andrews ist der Verfasser des Buches ›Gut essen und ledig bleiben‹.«

Abitur per Post – mit Ihren Wunschnoten – sofort auf echten dtsch. Vordrucken! Info geg. Rückporto durch: Gymnasial-Konvikt c/o Postf. 31, 7141 Oberstenfeld

Anzeige: »Die Saffranstube ist der geeignete Rahmen für Ihr Verwaltungsratsessen. Wir offerieren Ihnen VR-Essen für hervorragende, gute, befriedigende Jahresabschlüsse. Verlangen Sie über Telefon unsere speziellen VR-Menus (Diskretion gewährleistet).«

Antike Balken ca. 700 Jahre alt, aus denkmalgeschütztem Haus günstig zu verkaufen.

Student, BAFÖG gestrichen, sucht Damenbekanntschaft.

Schild im Auditorium einer Hochschule: »Wenn der Fußboden voll ist, benutzen Sie bitte die Abfallkörbe!«

Der Chefkoch eines renommierten Feinschmeckerlokals mußte sich einer Operation unterziehen. Als man ihn aus dem OP-Saal hinausgebracht hatte, sah seine dort auf das Ergebnis wartende Frau an einem Krankenhauskittel einen Zettel mit folgender Notiz geheftet: »Vergiß bitte nicht, der Operationsschwester das Remouladenrezept zu geben!«

Mitteilung der Lottogesellschaft zur Korrektur einer Gewinnummer: »An den Mann, der gestern dachte, er habe im Lotto gewonnen. Wir hoffen, Sie trösten sich mit dem Gedanken, daß der wirkliche Gewinner seinen Schein sicherlich schon zerrissen hat. Sie jedenfalls haben gestern einen ungemein glücklichen Tag verbracht.«

Schild in einem Nationalpark: »Hier ist das Fischen nur den Vögeln gestattet.«

Aus einem Zeitungsbericht: »Die Polizei besteht jetzt aus 97 uniformierten Beamten.«

Schild auf dem Rücken eines umweltfreundlichen Radfahrers: »Ich verbrenne nur Cholesterin.«

Auf einem Antragsformular der Krankenkasse findet sich folgender Hinweis: »Empfängerinnen von Altersrenten haben keinerlei Anspruch auf Schwangerschaftsbeihilfen.«

Schild in einem Kaufhaus: »Waren, die Ihr Gatte am Samstag allein gekauft hat, können am Montag zwischen zehn und zwölf zurückgegeben werden.«

Schild in einem Forschungslaboratorium: »Das Problem ist, wenn es gelöst ist, ganz einfach.«

Schild in einem Büro eines Sportlehrers: »Gewinnen ist nicht die Hauptsache, aber immer noch besser als Zweiter werden.«

Zeitungsnotiz: »Die neue Station unseres Krankenhauses hat den Steuerzahler keinen Pfennig gekostet. Die notwendigen 1 200 000.– DM kamen von der Bundesregierung und von anderen staatlichen Stellen.«

Lokalnachrichten: »Ein Mann aus Hamburg, der nach Angaben der Polizei seit 10 Jahren eine achtköpfige Familie in Hamburg und eine zweite in Dortmund unterhält, wurde heute als Nichtstuer abgeurteilt.«

Die Zeitschrift der Wählerinnenvereinigung erscheint nach einer Mitteilung im Blatt »monatlich«, ausgenommen Juli, August, Dezember, Februar, April und Mai.

Ein Mann in den Vierzigern schloß seinen Brief an eine Zwanzigjährige, die er seit langem umwarb: »Geliebte, bitte entscheide Dich. Ich vergeude sonst die besten Jahre Deines Lebens.«

18-jährige Gymnasialschülerin möchte etwa 2x wöchentlich auf ihr Kind aufpassen.

Werbespruch einer Matratzenfirma: »Unser Spezialangebot: Matratzen fürs Gästezimmer, mittlere Bequemlichkeit. Gegen zu lange Besuche!

Aus einem Verbraucher-Markt-Angebot: Damen-in versch. Ausführungen, hochwertige Einzelteile, 15,00 DM.

Tüchtige Hausangestellte mit guten Kochkenntnissen, die Wert auf hormonische Atmosphäre legt, gesucht.

Sprechzeiten des Prot. Pfarramtes:
Der prot. Pfarrer ist im Pfarramt, Westring 13, zu folgenden Zeiten immer anzutreffen: Dienstag und Donnerstag von 17.00–19.00 Uhr. Es wird gebeten, nicht dringende Angelegenheiten sowie Anmeldungen von Trauungen und Raufen zu diesen Zeiten zu erledigen.

Arzthelferin für Faxpraxis gesucht. Gute Maschinenschreibkenntnisse und kleines Labor erforderlich.

Kfz-Meister, 27, in Peugeot-Werkstatt tätig, früher VW u. BMW, in ungek. Stellung, sucht im Raum MA/Heidelberg neuen Sohn bzw. toleranten Vermieter.

Schild an einem Tor: »Dieses Tor wird 10 Minuten vor den Schließungszeiten geschlossen.«

Kaufe alles, was über 70 Jahre alt ist.

Junghennen, bis legereif, noch tausend zu verkaufen. Wenden, Hauptstr.

Zettel an der Tür bei einem Eheberater: »Bin in einer Stunde zurück. Bitte keine Tätlichkeiten!«

Zettel an der Tür bei einem Tierarzt: »Komme gleich. Platz!«

Schild in einem Kaufhauskindergarten: »Kinder, die nach zwei Stunden nicht abgeholt sind, werden zur Adoption ausgeschrieben.«

Magerer junger Mann, Besitzer eines schweren Motorrads, sucht kräftiges junges Mädchen, das ihm manchmal schieben helfen kann. Ehe nicht ausgeschlossen. Herkunft spielt keine Rolle, entscheidend nur Schönheit und Muskeln. Beteiligung an Benzinkosten wäre von Vorteil.

Schild in einer Pension: »In diesem Haus wollen wir eine einzige große Familie sein. – Für Wertgegenstände wird nicht gehaftet!«

Brief eines Vater an den Sohn: »Lieber Junge, schreib mir doch ausführlicher und bitte nicht immer bloß um Geld. Die zehn Mark, die Du verlangt hast, lege ich bei. Dir ist übrigens ein kleiner Irrtum passiert – ›zehn‹ schreibt man mit einer Eins und einer Null, nicht zweien.«

Ratschläge in einer Zeitschrift für Körperkultur: »Hier eine gute Übung für Ihre Bauchmuskeln: Falten Sie die Hände hinter dem Kopf und stellen Sie die Füße zusammen. Jetzt beugen Sie den Oberkörper nach rechts und setzen sich links neben Ihre Füße. Dann richten Sie sich nur mit Muskelkraft wieder auf, beugen den Oberkörper nach links und setzen sich rechts neben Ihre Füße. Lassen Sie sich nicht entmutigen und schreiben Sie uns über den Erfolg.« – Kurz darauf kam ein Leserbrief mit einem einzigen Wort: »Leistenbruch.«

Zu verkaufen: Ein Gebrauchtwagen in tadellosem Zustand. Besitzerin sehenswert.

Schild am Wegrand: »Wer meint, er kann dieses Feld in zehn Sekunden überqueren, sollte sich das gut überlegen. Mein Stier schafft es in neun.«

Leserzuschrift an die Redaktion: »Teilen Sie mir bitte umgehend mit, ob das bekannte Nachschlagewerk ›Wann, Wo, Wie‹ eins von diesen unanständigen Büchern ist ...«

Von der Mittagspause zurückgekommen, fand der Chef auf seinem Schreibtisch einen Zettel mit folgender Mitteilung: »Ihre Frau hat angerufen; sie wollte Sie an etwas erinnern, weiß aber nicht mehr, was es war, meint jedoch, daß Sie es vielleicht wissen!«

Werbung für sicheres Fahren: »Der Vorsichtige kommt vielleicht als letzter, aber er kommt!«

Einkellerkartoffeln, Heinsberger Grata 18, echte erlesene handgeknüpfte Einzelstücke, hervorragende Qualität, preisgünstig zu verkaufen.

Verkaufe jedes Jahr Schweine zu 6,50 DM.

Angesteckte, 45/160, sucht Freundin passenden Alters für Theater, Wandern usw. Unter »Frohe Stunden 4150« an die Red.

Zeitungsnotiz: »Lutz Mäder (24), im vergangenen Jahr aus der DDR geflüchteter Jockey, unterschrieb jetzt einen Vertrag bei Galopp-Trainer Ossi Langner. Mäder hat in der DDR bereits 150 Sieger geritten.«

Großes Hallenbad HOTEL ALPINA 8962 Pfronten – sonnige Lage, Erholungs- und Kurzurlaub, Kneippkur (für den Kreislauf), Schrothkur (Gesichtsabnahme)

Schöne Erstlingszüge zur Zucht zu verkaufen.
J. Wagner, Zahlbach.

Geiger (50) sucht Partnerin, Geige oder Klavier, Zuschr. an SZ.

Ein Straßenmusikant in Paris hat sich ein Schild umgehängt, auf dem es dreisprachig hieß: Wenn Sie zufrieden sind, geben Sie mir Francs. Wenn Sie sehr zufrieden sind, geben Sie mir D-Mark oder Schweizer Franken.

Musikinstrumente kaut Tittmann, Hh Hütten 92.

Schild in einem Hotelzimmer: »Wenn Zimmermädchen gewünscht, bitte Tür öffnen und Zimmermädchen rufen.«

Schild an einer Werkshallentür: »Notausgang. Benutzung streng untersagt.«

Tafel in einem Textilgeschäft: »Küchenhandtücher für Emanzipierte. Zwei Stück 4,50 DM, beide mit Zeichen ›ER‹.«

Schild am Eingang eines Friedhofparkplatzes: »Nur für Anlieger.«

Schild an einer Telefonzelle am Bahnhof von Zürich: »Notrufe: Polizei 117, Feuerwehr 118, Devisenkurs 160.«

Achtung, Bastler! Verkaufe meine 4,30 m/2 m.

Eine Hinweistafel an dem Hörsaal kündigte einen Vortrag an über: ›Schizophrenie und andere Leiden‹. – Jemand schrieb darunter: »Bin halb entschlossen hinzugehen.«

Hinweistafel an einer Kirche: »Unser Sonderangebot der Woche – alle Predigten zehn Minuten kürzer!«

Hinweis im Schaufenster eines Milchgeschäftes: »Eier behalten ihren Wert. Ein Dutzend sind noch immer 12 Stück.«

Als der Chirurg vor der Operation das Laken, mit dem der Patient zugedeckt war, entfernte, da entdeckte er in der Blinddarmgegend einen an ihn adressierten Zettel: »Lieber Herr Doktor, ich bin 30 Jahre alt und habe mein Architekturexamen mit Auszeichnung bestanden. Vor mir liegt eine glänzende Zukunft, und ich möchte in Kürze eine bezaubernde Frau heiraten. Bei dieser Operation sollen Sie mir den Blinddarm entfernen. Bitte rühren Sie sonst nichts an. Ich danke Ihnen sehr!«

Aufschrift an einer Tankstellentür: »Was Sie sich ausborgen möchten, ist nur da, weil wir es nie verliehen haben.«

An die Wand einer Kneipe hat jemand gekritzelt: »Die Sanftmütigen werden das Erdreich besitzen.« – Darunter steht in einer anderen Handschrift: »Wenn keiner etwas dagegen hat.«

Aus einem Kirchenblatt: »Die Frauen haben Decken für die Bedürftigen genäht. Wir brauchen mehr Decken und mehr Frauen, die für Wärme in den Wintermonaten sorgen.«

Aus einer Anzeige zur Eröffnung eines Geschäfts: »Wir sind pünktlich, ganz gleich, wie lange es dauert.«

Finde ich eine Frau, die für meinen Hund frische Knochen in der Metzgerei besorgen könnte? Suche einen Mann, der die Tauben füttert.

Verkaufe 10 m Spitzentüll und Herren-Reiterschuhe Nr. 44 incl. Leisten. Unter Chiffre »Abendtoilette«

Im Mitteilungsblatt eines Vereins: »In Anbetracht der erhöhten Druck- und Portokosten und der Geldentwertung kommt dieses Blatt jetzt doppelt so kostenlos zu Ihnen wie früher.«

Schild in der Kinderbuchabteilung einer öffentlichen Bücherei: »Bitte nicht am Globus drehen!«

Schild an einer Sonnenuhr in einer Stadt mit rauchverhangenem Himmel: »Außer Betrieb!«

Verkaufe Ford, viertürig, Baujahr 1975. Großartiger Professorenwagen, auch als Zweitwagen für Studenten geeignet.

Ein kranker Abgeordneter bekam folgendes Telegramm: »Wünschen mit 67 zu 32 Stimmen gute Besserung. Die Kollegen.«

Ein Fabrikbesitzer erhielt folgenden Brief: »Sehr geehrter Herr, Sie haben, wie ich erfahre, intime Beziehungen zu meiner Frau. Ich bitte Sie, sich am nächsten Montag, 10.30 Uhr, in meinem Büro einzufinden.«
Der Fabrikbesitzer schrieb zurück: »Sehr geehrter Herr, ich danke Ihnen für Ihr Rundschreiben. Leider ist es mir nicht möglich, an der Versammlung am Montag teilzunehmen. Ich bin jedoch mit Vergnügen bereit, mich dem anzuschließen, was die anderen Teilnehmer für richtig halten.«

Franziska Becker im dtv

Franziska Becker, in Mannheim geboren und gelernte Kunsterzieherin, hat ihre Karriere 1977 bei der von Alice Schwarzer gegründeten Frauenzeitschrift »Emma« begonnen und ist heute eine *der* Karikaturistinnen des Landes. Lieblingszeichner: Wilhelm Busch. Lieblingsfigur: die fromme Helene

Mein feministischer Alltag
Cartoons · dtv 10069

Mein feministischer Alltag 2
Cartoons
dtv 10334

Mein feministischer Alltag 3
Cartoons
dtv 10947

Männer
Cartoons
dtv 11111

Marie Marcks im dtv

Marie Marcks, geboren und aufgewachsen in Berlin, zum Zeichnen erzogen durch Mutter, Vater und Onkel (Graphikerin, Architekt, Bildhauer), ist Mutter von fünf Kindern und gehört zu den großen Karikaturistinnen in der Bundesrepublik. Sie lebt in Heidelberg.

Schöne Aussichten
Karikaturen
dtv 10195

Alle dürfen, bloß ich nicht
Cartoons
dtv 10451

O glücklich, wer noch hoffen kann, aus diesem Meer des Irrtums aufzutauchen!
Karikaturen · dtv 10737

Ich habe meine Bezugsperson verloren
Cartoons · dtv 10819

Amei-Angelika Müller im dtv

Foto: Studio Kleiber

Pfarrers Kinder, Müllers Vieh
Memoiren einer unvollkommenen Pfarrfrau

Sie ist ein Morgenmuffel, Kochen ist nicht ihre Stärke, und auch sonst entspricht sie nicht dem Ideal einer Pfarrfrau. Sie wollte auch alles andere werden, nur das nicht. Doch sie lernte einen Theologiestudenten kennen – und lieben.
dtv 1759 / dtv großdruck 25011

In seinem Garten freudevoll ...
Durchs Gartenjahr mit Wilhelm Busch

Jeder glaubt Wilhelm Busch zu kennen, doch eine Seite des berühmten Zeichners, Dichters und Philosophen ist weniger bekannt: Er war ein großer Naturfreund und Hobbygärtner. Amei-Angelika Müller hat diesen »anderen« Wilhelm Busch aufgespürt in seinen Briefen, Gedichten und Zeichnungen, in denen er von Gärtners Freud und Leid erzählt, das menschliche Leben mit dem Ablauf der Jahreszeiten vergleicht und Tiere und Pflanzen beobachtet.
dtv 10883

Ich und du, Müllers Kuh
Die unvollkommene Pfarrfrau in der Stadt

Nach sieben Jahren in der ländlichen Pfarrei folgt Amei-Angelika Müller ihrem Mann auf eine Pfarrstelle in der Stadt. Neue Erlebnisse und Erfahrungen warten auf die »unvollkommene Pfarrfrau«, von denen sie mit viel Selbstironie und gekonnter Situationskomik erzählt.
dtv 10968

Sieben auf einen Streich

Eine herzerfrischend fröhliche, witzige und humorvolle Familiegeschichte: Sieben Geschwister nebst Anhang, insgesamt siebzehn Personen, darunter nicht weniger als drei Pfarrer, versammeln sich zu einem Familientreffen im Harz. Vergnügliche Einblicke in eine ganz und gar unmögliche Familie ...
dtv 11204

Veilchen im Winter

Was macht eine junge Frau, die sich von ihrem skibegeisterten Ehemann zum gemeinsamen Winterurlaub überreden läßt, obwohl sie selbst völlig unsportlich ist und den Winter zutiefst verabscheut? Sie würde nach wenigen Tagen enttäuscht und zornig abreisen – wäre da nicht eine gleichgesinnte Seele in Gestalt eines kleinen Jungen.
dtv 11309

Una Troy im dtv

Mutter macht Geschichten

Eine jung gebliebene Witwe, die es satt hat, sich von ihren drei erwachsenen Kindern bevormunden zu lassen, entschwindet eines Tages. dtv 1286 / großdruck 25003

Die Pforte zum Himmelreich

Zwei recht unkonventionelle Ordensschwestern im Kampf mit der Äbtissin des Klosters. dtv 10405 / großdruck 25052

Ein Sack voll Gold

Eine heitere Familien- und Liebesgeschichte vor dem Hintergrund eines konservativen irischen Dorfes. dtv 10619 / großdruck 25002

Trau schau wem

Als Ellen O'Sullivan den armseligen Hof ihrer Eltern für viel Geld verkaufen kann, wollen ihre Geschwister ihr plötzlich vorschreiben, wie sie ihr Leben einrichten soll... dtv 10867

Kitty zeigt die Krallen

Eine seit zweiundzwanzig Jahren glücklich verheiratete Frau nimmt den Kampf mit einer attraktiven Nebenbuhlerin auf. dtv 10898

Stechginster

Acht Ruhe suchende Weihnachtsurlauber in einem romantischen Gästehaus werden von sechs fanatischen Jugendlichen in einen ungewöhnlichen Kriminalfall verwickelt. dtv 10989

Das Schloß, das keiner wollte

Ein adeliger Verwandter hinterläßt einer eher bescheiden lebenden Lehrerfamilie ein Schloß. dtv 11057

Eine nette kleine Familie

Die allseits beliebte Lehrerin Miss Meade will Ordnung in die Verhältnisse einer »netten kleinen Familie« bringen, die durch die Ankunft eines fünften Kindes in ihren Grundfesten erschüttert wird ... dtv 11150

Läuft doch prima, Frau Doktor

Ann Morgan ist nicht nur Ärztin aus Leidenschaft, sondern auch verantwortlich für ihre beiden jüngeren Geschwister, die ihr diese Aufgabe in keiner Weise erleichtern. dtv 11214

Die Leute im bunten Wagen

Eleanor Moore und ihre Großnichte Rose stellen den Park ihres Herrensitzes »fahrendem Volk« als Winterquartier zur Verfügung. dtv 11350

Ephraim Kishon im dtv

Foto: Isolde Ohlbaum

Nicht so laut vor Jericho

Kishon kämpft mit den Tücken der Bürokratie, sieht die väterliche Autorität durch seinen Sohn Amir erschüttert, berichtet über seine Schwierigkeiten mit Waschmaschinen, Freunden, Kontaktlinsen und der großen Hitze von Tel Aviv.
dtv 989

Der Blaumilchkanal

Satirische Sketche und Szenen, die alle ihre Uraufführung in der »Grünen Zwiebel«, Kishons eigener Kleinkunstbühne, erlebten. »Er mockiert sich über die Zustände im heutigen Israel derart, daß man dortselbst am liebsten einwandern möchte. So etwas hat es lange nicht gegeben: einen unmittelbar positiven Satiriker.« (Süddeutsche Zeitung)
dtv 993

Salomos Urteil – zweite Instanz

In dieser Sammlung nimmt der unerschöpfliche Einfallsreichtum Kishons schier globale Ausmaße an: Da verständigen sich Nixon und Kossygin zu früher Stunde über das rote Telefon und werden Maos »rotgoldene Worte« mit vollem Erfolg auf israelische Verhältnisse angewandt. Der Leser erhält unter anderem Gelegenheit, in Spanien einen Stierkampf aus Kishonscher Sicht zu erleben oder mit ihm in der Schweiz in Lebensgefahr zu geraten.
dtv 1038

Es bleibt in der Familie

Vom Kleinkrieg mit den entfernten Verwandten und den allzu nahen Nachbarn, von Familienfeiern und -katastrophen, von Einbrechern, Wettervorhersagen, Nächstenliebe und Krankenbesuchen, vom technischen Fortschritt und den Schwierigkeiten, sich komplizierte Straßennamen zu merken.
dtv 10440

Bekenntnisse eines perfekten Ehemanns

Kishons gesammelte Erfahrungen, Erkenntnisse und Erlebnisse aus 25 Ehejahren. Ein heiter-satirisches Trostbuch für alle »Leidensgenossen« vom besten aller Ehemänner. Dieser Sammelband seiner besten Geschichten über »sie« und »ihn« ist das Ergebnis seiner »retrospektiven Selbstanalyse«.
dtv 10496

Mordillo: Cartoons zum Verlieben

dtv 1288

dtv 1583

dtv 1686

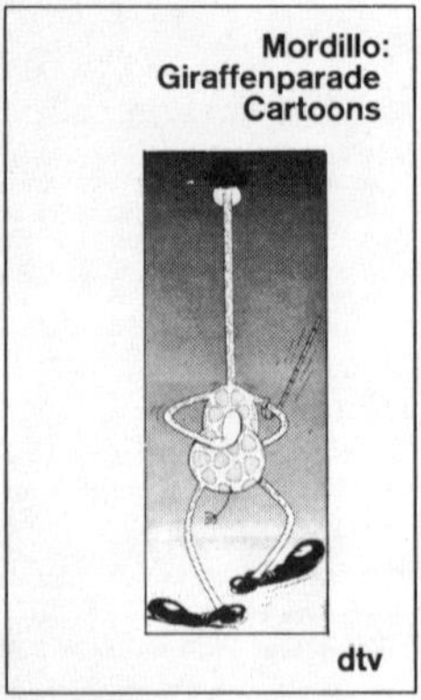

dtv 10019

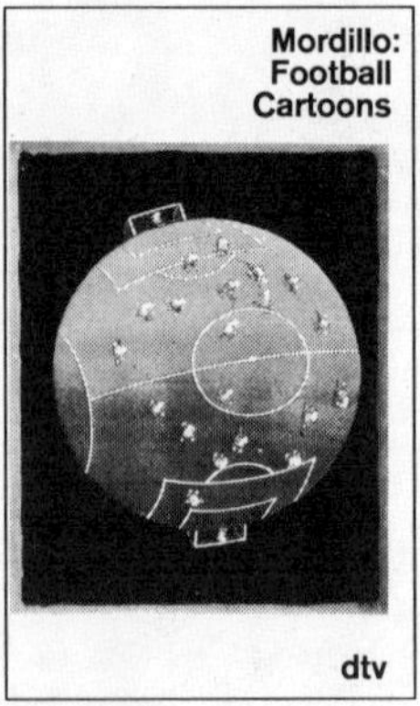

dtv 10257

dtv 10572